国会話法の正体

政界に巣くう
怪しいレトリック

藤井青銅

The Rhetoric of
KOKKAI WAHOU

柏書房

はじめに〜いつか見た再放送

「記憶にございません」

「ご指摘はあたらない」

「お答えは控えさせていただく」

国会や記者会見で、政治家や官僚や参考人などと呼ばれる人たちがこんなふうに答えているる風景を、私たちはこれまでさんざん見てきました。あまりに何度も見てきたので、新たに何か政治家や官僚の不祥事や疑惑の事件がおきても、

「どうせまた、例の『記憶にございません』だろ？」

と思う。その先の予想がついてしまうのです。だから、積極的にニュースや新聞やネットの記事を見る気にならない。のちに、実際にそうであったことを知ったあとも、

「ほらな、やっぱり」とあきれ、

「やれやれ……」と疲れ、

「世の中、こういうもんだよ」と溜息をつく。

——この流れは、おそらく多くの日本人に共通する気持ちではないでしょうか？

私たちはなぜ、何度もこれを繰り返しているのでしょうか？

なんだか、退屈な平日の夕方、つけっ放しのテレビにたまたま映った再放送のドラマをぼーっと見ている気分です。

ストーリーの流れはだいたい予想がつくし、結末もほぼわかる——これはすでに決まっているものだから、今さら変わらない。

積極的に見ているわけではない——自分で選んだわけではないから、つまらないのは自分のせいではない。

イヤならスイッチを切ればいい——見なければいいのだから、どんなにひどい内容でも自分とは関係ない。

……再放送どころか再々放送かもしれない。それを今さら、「つまらない」「ひどい」と怒るのも大人げない、と考えているうちにふと気がつきました。

《ひょっとして、私たちは「すべて」相手の術中にはまっているのではないか？》

そう、「すべて」です。

「記憶にございません」「ご指摘はあたらない」などの答弁だけでなく、

そのあとの「どうせまた……」という感想も、

「ニュースや新聞やネットの記事を見る気にならない」という反応も、

「ほらな、やっぱり」「世の中、こういうもんだよ」……などといった「日本人に共通する気持ち」も、

そうして「何度もこれを繰り返している」という状態まで。

――こうした一切合切《いっさいがっさい》を全部ひっくるめ、ワンセットになった「すべて」です。
そして「相手」とは、いつもそう答える政治家や官僚たち。いや彼らだけでなく、彼らを中心に形成される集団のようなものもイメージできます。そのニュースを伝える側、解説する側の人物やメディアも含めて、です。
なにやら陰謀論めいてきましたが、そうではありません。ご心配なく。

あの「記憶にございません」をはじめとする国会答弁には、さまざまな「ごまかしテクニック」や「論点をずらす手法」、「物事を曖昧《あいまい》にする方法」が使われていることは、みんなとっくに気がついていますね。
なかでも、上西充子《うえにしみつこ》法政大学教授が指摘した「ご飯論法」という分析など、有名です。二〇一八年の新語・流行語大賞のトップテンにも選ばれています（上西氏とブロガーの紙屋高雪《かみやこうせつ》氏の共同受賞）。

Q「朝ご飯は食べなかったんですか？」
A「ご飯は食べませんでした（パンは食べましたが、ご飯＝お米ではないので）」

……というような答弁のこと。なるほどなあ、と感心します（感心してちゃいけないのですが）。この他にも、いわゆるディベート術には、相手の質問をはぐらかしたり、煙《けむ》に巻いたり、挑発したり、自分に有利な論を展開したり……といったいろいろなテクニックがあるようです。

しかし、おそらく使う当人たちだって、こうした答弁は手垢《てあか》がついた手法だとわかっているはずです。今どき「記憶にございません」を使うなんて……と国民にうっすらバカにされていることも知っているでしょう。それらがわかっているのに毎度使う理由はなんでしょう？　きっと有効なのです。

なぜ有効なのでしょう？

そして私たちもまた、姑息《こそく》なごまかし手法だとわかっていながら毎度それを許してしまう理由はなんでしょう？　いえ、許してはいません。憤っています。なのに結果的に、毎度それを続けさせてしまう。

なぜ続けさせてしまうのでしょう？

そこで、「記憶にございません」に代表されるいわゆる国会話法はいったいどういう構造で出来上がっているのかという分析をしてみました。答弁だけでなく、それが私たちに及ぼす効果についても一緒に、です。

ちなみに、この分析にイデオロギーは関係ありません。与党だ野党だ、右だ左だという立場も関係ありません。首相や大臣が誰であろうと、官僚の肩書がなんであろうと関係ありません。そういう意味では、いわゆる「政治的」ではありません。

政策の内容や法的な整合性については政治評論家の方々がやっているので、おまかせします。私は作家なので、国会話法の言葉術に注目します。いつもモヤモヤ感じてしまう理由は、どこらへんにあるのか？　会社や日常の会話でも使われるさまざまなごまかしテクニックの典型例が国会話法なのではないか？　名づけて、

《国会話法を修辞技法と表現方法の側面から構文解析する》

「修辞技法」とか「構文解析」なんて堅苦しい言葉だな……と思うでしょ？　そう、勘のいい方はもうお気づきですね。これもまた、ごまかしテクニックの一つ。詳しくは本文中にあります。

たぶん、重箱の隅をつつくようなところ、詮索《せんさく》のしすぎではないかと思うところも出てくるでしょう。しかし、これまで面倒くさがってそれをやってこなかったから、いつまでも手垢がついた手法を使われてしまうのでないかと、今思っています。いえ、単に偉そうな人の発言に対して噛《か》みついてウサを晴らそうというのではありません。政治家や官僚という強い権限を持つ人間が使うあやしい言葉に対し、私たち弱い立場の人間が「それはおかしいのではないか？」と声をあげるのは必要なことでしょう。

ところで、最初に答えを書いてしまいますが、こうした国会話法の本質は次の二点ではないかと考えます。政治家や官僚の狙いは、

「何も言っていないのに、何か言ったように思わせる」

「何がなんでも非を認めない」

そのために駆使するあの手この手が、「記憶にございません」や「ご指摘はあたらない」、「お答えは控えさせていただく」……などです。こういうことが繰り返されると、私たちは無力感と退屈さで〈うんざりする〉し、その事件や出来事に関して〈興味を失い〉ますね。なにしろ、何度も見てきた再放送、あるいは再々放送なのですから。

実はここにも二つの本質が隠されているのではないかと推測します。つまり、（受け手である）私たち国民側ではなく、（発言者である）政治家や官僚側から見れば、

「（あえて国民を）うんざりさせる」

それによって、

「（政治への）興味を失わせる」

という効果が生まれます。そのためにあえて、手垢がつきまくった「記憶にございません」などの言葉を使っているのだとしたら、かなりしたたかです。そういうことの繰り返しで世間がうんざりし、興味を失っていてくれれば、そっと手前勝手な事を進めても誰も気づかないでしょうから。

これは邪推でしょうか？ それとも、冷笑主義でしょうか？

五十歩ばかり譲って、たとえばビジネスで相手を出し抜くためとか、社内で出世するためにごまかしテクニックを使う人がいるのはわかります（もちろん、イヤなやつだとは思いますが）。

しかし政治家や官僚というのは、国民に託されて（国民の税金によって雇われて）、国民の

ために仕事をする立場ですから、そういう人たちが当の国民に対してごまかしテクニックを駆使するのは、ひとことで言えば、

「誠意がない」

ということです。

これは理想主義でしょうか？　それとも、きれいごとでしょうか？

さまざまな国会話法にはどんなテクニックが潜んでいるのか、具体的に言葉を分類・分析してみます。悪い頭なりに考えつつ、笑いつつ、迷いつつ、憤りつつ。そして自らも省みつつ。

目次

第二章 国会周辺話法の構文解析

第三章 煙に巻くテクニック

第一章

国会話法の構文解析

おもに政治家や官僚が行う答弁やコメント。国会話法と銘打ってはいるが、都道府県議会などでも同じだ。議会以外での記者会見なども含む。そういう政治の場で彼らが答える、毎度同じのモヤモヤする答弁やコメント。そこに潜んだテクニックは？

1 逃げ道用意型

記憶にございません

すり替えテク

漢語テク

丁寧作用

否定確保

短文繰り返しテク

「記憶にございません」
～キング・オブ・ごまかし

ロッキード事件（一九七六年）で一躍有名になった国会話法だ。とはいえ、それからすでに五十年近く経とうとしている。若い人は、日本史の教科書にいくつか出てくる「○○事件」という退屈な用語の一つという認識かもしれない。そうではない。

「ロッキード事件」は、アメリカ・ロッキード社の航空機の日本導入をめぐっておきた汚職事件だ。当然アメリカと日本にまたがる大事件で、登場人物には田中角栄《たなかかくえい》前首相、右翼の大物フィクサー、政商、さらには明治の元勲・大久保利通《おおくぼとしみち》の孫なんていう人まで出てきた。捜査の過程で、関係者が急に亡くなる怪死事件もおきた。そして田中前首相が逮捕される。

私は当時学生だったが、「この日本で、こないだまでの最高権力者が逮捕されることがあるんだ！」と驚いた（一九四八年の昭電《しょうでん》事件での芦田均《あしだひとし》前首相もそうなのだが、自分が生まれる前のことは知らない。そんなものだ。おそらく若い世代にとってのロッキード事件もそうなのだろう）。

出てくる金額は当然「億単位」で、賄賂《わいろ》を表す暗号として「ピーナッツ」という領収書が出てきた（ピーナッツ百個で一億円）。時代劇の悪代官と越後屋《えちごや》のやりとりで出てくる「山吹色のお菓子」みたいな言い回しだ。いや当時だって、すでにそれはコントなどのパロディでしか存在しない陳腐さだったというのに。

それだけではない、事件に憤慨した右翼青年が右翼の大物フィクサーの豪邸にセスナ機で突っ込んで死んだ（青年はポルノ映画の俳優だった）。さらに、首相秘書官の元妻が決定的な証言をして「ハチの一刺し」という名言を吐いたのち、突然ヌード写真を発表した。

……と、ここに書き写しているだけで、三流スパイ映画や劇画のような極彩色の通俗性満載事件だとおわかりだろう。こうしたことが、私たちが生活している日常と地続きで、同時進行でおきたのだ。映画や漫画とはリアリティさが違う。現実はフィクションを越えるとはこのことかもしれない。

この事件はとくに、国会での証人喚問がテレビ中継されたことが大きかった。白々しく「記憶にございません」と言っている人の口調、表情、しぐさなどがそのまま、テレビを通して国民に見られてしまったのだ。まさに「劇場型」！

多くの日本人はこの時、「記憶にございません」という答弁にはじめて接し、

「そういう言い逃れ方もアリなんだ！」

と驚き、あきれたのだ（アリではないと思うが）。

以来物笑いのネタにされつつも、この言葉はキング・オブ・ごまかし答弁として、現在もしぶとく生き残っている。

しかし国会議事録によると、この答弁の歴史はもっと古い。終戦翌年の一九四六年九月、第九十回帝国議会（新憲法発布前なのでまだ「帝国議会」）の衆議院委員会にあった。当時の和《わ》田《だ》博《ひろ》雄《お》農林大臣が、以前に農地改革について「強力な政府の政治力によってやる」という意味の演説をしたことがあったようだ。それについてここで、「その、強力な政府の政治力とはどういう意味か？」という質問があった。これに対して和田農相が、

「どういう言葉で正確に表現しましたか、一寸《ちょっと》私記憶にないのであります」

と答えている。言い方は少し違うが、ここが元祖だろうか？

もっとも、答えたくない質問や、正直に答えれば自分が不利になる質問の時、「忘れた」「憶えていない」と言ってごまかすことは、日常的に誰にだってあるだろう。「記憶にない」という表現は、話し言葉としてこなれていないので普通はあまり使わないだろうが、それゆえに公式な場ではなにやら重々しく聞こえる（言っていることは同じなのだが）。きっと、国会答弁より昔から使われていたのだろう。ひょっとしたら江戸時代の奉行所で、「記憶にござりませぬ」なんて発言があったのかもしれない。

とはいえ、世間的に有名になりすぎ、とっくに陳腐化しているこの言葉が二十一世紀の今も使われているのはなぜか？　聞かされるほうはもちろん、おそらく答えるほうだって、その「中身のなさ」は自覚しているだろうに。

今回、このシンプルな表現の中には、実にたくさんのごまかしテクニックが含まれてい

ることを発見した。書道では、「永」という文字の中にはトメ、ハネ、ハライなど基本テクニックが含まれていると聞く。**「記憶にございません」は国会話法界の「永」なのかもしれない。**一つ一つを見てみよう。

「記憶」という言葉で理解する【すり替えテク】

こういう場合の質問はたいてい、「○○と会ったか？」「××に行ったか？」「それはいつだったか？」「どんな話をしたか？」といった内容だろう。

事実としての答えは、

「会ったか？」の場合は↓「会った」か「会っていません」

「行ったか？」の場合は↓「行った」か「行っていません」

……の二択しかない。

多くの場合、疑惑は「会った」「行った」場合にある。潔白ならば堂々と「会っていません」「行っていません」と答えればいい。この質問はそれで終わりだ。

問題は、事実が「会った」「行った」である場合だ。正直に答えれば疑惑の肯定になる。

すると質問は次の段階に入り、

「それはいつだったか？」

「どんな話をしたか？」

……などに答えなければならない。それは避けたい。

もちろん、嘘《うそ》をつくという方法もある。しかし、もしのちにそれがバレれば立場が非常に悪くなるのだ。場合によっては偽証罪に問われることもあるかもしれない。

そこで「忘れた」「憶えていない」と答えて、とりあえずこの場をやり過ごそうとする。そうすれば、万が一あとで証拠が出てきても、「思い出しました」「そうだったかもしれません」と言えば、嘘をついたことにはならないから。この答弁には、もしもの時の逃げ道を潜ませているのだ。

この場を「憶えていない」「記憶にない」の一点張りで通すと、その後の質問は「本当に憶えていないのか？」「なぜ憶えていない？」「思い出してください」……という展開になるだろう。ここがポイント。もとの質問は「会った・会わない」とか「行った・行かない」が論点だったのに、いつの間にか「記憶がある・ない」の話にすり替わるからだ。つまりこれは、論点すり替えテクなのだ。

万々が一、本当にどうやっても思い出せないというケースもある。人の頭の中のことは他人にはわからないのだ。このテクはその一点に寄りすがっている。

【漢語テク（勿体づけ効果）】でもある「記憶」という言葉

この答弁は、意味だけで言えば「忘れました」「憶えていません」でもいいのだ。しかし大の大人が公の場で、宿題を忘れた小学生みたいに「忘れました」と答えるのも、みっともない。そこで「記憶にない」という言い方を選択するのだろう。

一般的に、**同じ内容でも言葉を難しくするほど、さも何か大切なことを言っているような印象**を与える。これが漢語テクニックだ。「記憶」というのはさして難しい漢語ではないが、「憶えていません」よりは「記憶にない」のほうが重々しい感じがする。このテクニックが進むと、より難しい漢語、あるいはわざわざ一般性のない漢語や誰も知らない新語を引っ張り出してきて使うようにもなる（コロナ禍における、緊急事態宣言の「発出」や、人出の意味の「人流」もその仲間だろう）。

そう。お気づきのように、「はじめに」で書いた「修辞技法」とか「構文解析」という堅苦しい言葉もそうなのだ。

「ございません」が醸し出す【丁寧作用（別人格作用）】

さらに「ございません」にも注目する。これは「記憶にありません」と言っても同じだが、「ございません」と丁寧に言うほうがより重々しく聞こえる。

丁寧な言葉には、丁寧以外にもう一つ作用がある。人は、日常使う言葉から離れて過剰に丁寧な言葉を使う時、しゃべっている自分をどこかよそ行きの別人格のように感じるのだ。敬語を過剰に駆使すれば、「今しゃべっている自分はふだんの自分ではない」と意識して、心理的には他人事《ひとごと》に近づいていく。最近よく言われる「させていただく」の多用もそういう理由だろう。

「ございません」は過剰というほどではないが、もし嘘をついている場合、**丁寧にすれば**

するほど、それは自分事ではなくなるので、心理的ストレスが減るという効果があると見た。

【否定確保】としての「〜ません」

疑惑を晴らすためには、「会っていません」「行っていません」「違います」……などの否定形でキッパリと答えたい。けれど実際には「会っている」「行っている」「その通り」の場合、それはできない。そこで、ごまかしながらもせめて答弁に「否定のニュアンス」を含ませたいのが人情だ。「忘れました」ではなく、「憶えていません」と答えれば、すくなくとも語尾に「〜ません」という否定表現を確保できる。

たとえば、「会ったか?」という質問に対して「記憶にございません」と答えた場合、内容は「会う」→「記憶」とキーワードがすり替わっているが、語尾だけは「〜か?」→「〜ません」と、ちゃんと呼応して否定している。質問に対して否定で答えたような気分が少しするので、当人の気持ち的には楽なのだろう。そして、あわよくば質問全体に対し否定した印象を加えることができれば、なおいいのだ。

【短文繰り返しテク】で完成する「ごまかし」

「記憶にございません」は短い言葉だ。何度でも繰り返すことができる。何度も繰り返すことで、相手はうんざりする。質問者は、最初のうちこそ別の答えを引き出そうと違う方向から質問をし直すだろう。しかしどうやっても同じ答えしか出てこないと、やがてあきれ、うんざりして、質問することに疲れてしまう。答える側としては、そこが狙《ねら》いなのだ。

質問者を（ひいては世間を）うんざりさせ、質問をあきらめさせるには、短文繰り返しが有効な方法なのだ。だから答弁者は、我慢できず別の表現をしたら、負け。サンプリング音源のように**同じ言葉を繰り返すことにごまかしの真髄**がある。

国会話法

記憶にございません

ホンネ翻訳

潔白だったら言うに決まってるだろ。憶えてるか忘れたか、どうせ私の頭の中は誰にもわかりっこない

遺憾である

真摯に受け止める

不徳の致すところ

漢語テク

誤解誘発語

慣用句テク

「遺憾である」
〜はたして謝っているのか？

言葉は、何かを伝えるだけでなく、自分の心を護《まも》る鎧《よろい》の役目も持つ。たとえば、なんらかのミスをして謝らなければならない時、なんと言うか？

「すみませんでした」「ごめんなさい」「謝ります」

……このあたりがもっともシンプルな謝罪の言葉だろう。自ら非を認めていることがわかりやすい。が、わかりやすいゆえに、「自分が悪かった」ということをハッキリと周囲に表明することに抵抗感もある。心の中では自尊心が傷つき、他人に聞かれることでプライドが傷つくのだ。そのイヤな気持ちをぐっと抑えて口に出したことで、相手は赦《ゆる》してくれるのだろうけど。

だが人の心というものは、そんなに立派にはできていない。誰だって、できるなら言いたくないのだ。子どもの場合はそれが態度に出て、ふてくされた言い方で、

「……ごめんな……さいっ」

などとわざと聞き取りにくいように言い、それがまたお母さんに、

「なに、その言い方。もっとちゃんと謝りなさい」

と叱《しか》られたりもする。大人だって似たようなもので、

「はいはい、おっしゃる通り。私が悪うございましたっ！」

などと余計な言葉を足して水増しをしたり、冗談めかしたり、わざと大げさな表現にして、「私が悪い」という核心部分の印象をなんとか薄めようとする。その気持ちはよくわかる。シンプルな言葉は心情と直結しているから、そのまま口に出すと自分の心が無防備で丸裸になったようで心細いのだ。そこで大人社会は、自分の心を護るための、さまざまな言い換え言葉を発明する。

「申し訳ありません」による【省略作用】

「申し訳ありません」は、かなり謝った感じがする言葉だが、よく考えると「申し訳」が「ありません」としか言っていない。弁解のしようがない・言い訳ができない、ということ。何についての弁解・言い訳なのか？　そこを補って正確に言えば、こうなるのではないか。

〈私が悪かったことについて〉弁解のしようがない・言い訳ができない＝申し訳ありません

自分の非を認める前段部分が省かれている。肝心な部分を言わずに済ませることで、自分の心を護っているのだ。

「謝罪いたします」による【別人格作用】

「謝罪」とくれば、さすがに「謝」という漢字も入っているので、謝っていることがわかる。しかし、あまり日常生活で使う言葉ではない。口で言うならば「謝ります」でいいのだ。わざわざ格式ばった言葉を使うという行為には、「ふだん使わない言葉をしゃべっている今の自分は、本当の自分ではないのだ」と自らをだまして心の安寧を得ようとする【別人格作用】がある。

一般に、人はシンプルな言葉のほうが言いにくいのだ（これは謝罪に限らない。たとえば恋愛の時は、「好き」というシンプルな言葉が照れくさく言いにくいので、なんだかんだと言葉を言い換えたくなる）。ゆえに、日常生活でなじみのない言葉を持ってくる。

これが進むとさらに、謝っているようで謝っていないというさまざまな謝罪偽装型の言い回しが開発される。

【誤解誘発語】としての「遺憾」

これはよく知られているが、**「遺憾」という言葉に「謝罪」の意味はない。**「遺憾」を国語辞典で引くと、たいていこう出ている。

「遺憾」…思うようにならず、心残りである。残念である。

つまり、大臣だか官僚だかが不祥事に際して「まことに遺憾であります」と発言している意味は、ただ「残念だ」と言っているだけ。非を認めたわけではないし、謝っているわけでもない。自分に関わりのない他者の不祥事について「残念だ」と言うのならかまわないが、自分のこと、あるいは自分に監督責任がある不祥事について、ただ「残念だ」ではいけないだろう。とくにこの言葉は、音的に「イカン（＝いけない）」となるので、非を認めたように聞こえるのも誤解を誘発させる重要ポイントだ。

ハナ肇《はじめ》とクレージーキャッツのヒット曲に「遺憾に存じます」というのがある（一九六五年）。

学生時代は優等生
万能選手で人気者
こんな天才今迄《まで》見た事ない
とかなんとか云《い》われたもんだが
今じゃしがねェサラリーマン

※コラ又《また》どう云う訳だ
世の中間違っとるよ
誠に遺憾に存じます

実に青島幸男《あおしまゆきお》らしい詞で、クレージーキャッツ（特に植木等《うえきひとし》）の世界観、高度成長期の風潮をよく表している。この詞の「遺憾」は「残念だ」と言っているわけで、「人生そんなもんだよなあ」というニュアンスもある。が、謝罪はしていない。

一方で、

「大臣は、今回の○○国の行為に対し、遺憾の意を表明しました」

というニュースを時々聞く。あれは外交プロトコルという（儀礼上のルールのこと。わざわざこういうカタカナを使う理由はあとで出てきます）。国家間で、相手の国を非難する時に使う独特の言い回しもその一つだ。日本の場合、次の八段階になっている。

強 ←―――――――――― 弱

断固として非難する
非難する
極めて遺憾である
遺憾である
深く憂慮する
憂慮する
強く懸念する
懸念する

「非難」「遺憾」「憂慮」「懸念」の四つを、それぞれ強弱二段階にしているわけだ。どれも画数の多い熟語を使っているのは【漢語テク（勿体《もったい》づけ効果）】。もちろんそれは自国民に対してだ。中国・台湾はまだしも、英語国やフランス語国に対しては意味がない。

真意は「許せない」とか「怒っている」の場合でも、表立ってそういうシンプルな言葉の応酬をしていると売り言葉に買い言葉でケンカになる。国と国の場合は戦争にまで発展しかねないので、それはマズい。そこで、相手国に対しては「これは、〈許せん・怒っている・不快である・さっさとやめろ〉などの言い換えだぞ」という意味をチラつかせつつ、自国民に対しては「ちゃんと怒っておいたぞ」と頼もしさを演出しつつ、お互いにあえて外交プロトコルの定型文で応酬しているわけだ。

国と国との外交の場では、こういう大人の知恵が必要だろう。しかし、政治家や官僚が自国民に対して使う場合は違う。怒っていないようで怒っていることを伝える「遺憾」と、謝っていないのに謝っているように見せる「遺憾」は別物だ。

【漢語テク】――「煙幕効果」を発揮する「遺憾」「真摯」「不徳」

「遺憾」の「遺」はまだしも、「憾」という漢字にはあまりなじみがない。「感」ではなく、「憾」なのだ。辞書によると、意味は「うらむ・心残り」ということのようだ。こんな漢字、遺憾以外で見たことがない。他にどんな熟語があるのか……と探すと、憾怨、憾悔、恚憾などが出ている。恥ずかしながら今はじめて見た言葉ばかりだ。読めもしない。多くの方にとってもそうではないだろうか。

ということは、「遺憾」ももとはあまりなじみのない漢語だったのではないか？　それを引っ張り出してくると、こっちとしては「なんだか難しい言葉だが、きっと謝っているんだろうな」と思ってしまうわけだ。**庶民を煙《けむ》に巻く効果**を狙ったのだと思う。

「真摯《しんし》」の「摯」もまた、この言葉のおかげで知っているが、日常ではあまり使わない漢字だ。辞書によると、意味は「しっかりと手に持つ・手厚い・まじめ」とある。この漢字を使った他の熟語は……と探しても、「摯実」くらいしか出てこない。当然、私ははじめて見た言葉だ。

「真摯」の意味は「真面目《まじめ》でひたむきなこと・熱心に取り組む」ということ。なじみのない漢語だが、まあ、だいたいそういう意味だろうなとは思う。しかし、だったら、ほぼ同じ意味で、誰にでもわかる「真剣に受け止める」でいいではないか？　**誰にでもわかってもらっては困る**のだろう。

「不徳」の場合は、そう難しい漢語ではない。前二者に比べ、画数もぐっと少ない。「人徳がある・ない」とか「徳を積む」などの言い方も一般的だ。なんとなくわかったつもりで使っているが、いざその意味を問われるとうまく説明できない。「徳」とはなんだろう？　辞書によると「人に備わった善き品性・人格・道徳心などの長所。神仏の加護」のことのようだ。それが備わっていないのが「不徳」。

多分に精神的で観念的で、天だか神だか社会だかの周囲から認知されてナンボという感じがする。だから、謝罪において「私の不徳の致すところ」と言った場合は、「だって徳が備わってなかったんだもの、しかたないじゃないか（私のせいじゃないもーん）」ということになる。問題なのは「徳」の有無であって、**本人の言動ではないような印象を与えるこ**とができる。そりゃ、人前で言いやすいわけだ。

「不徳の致すところ」――【慣用句テク】で追及を遮断

謝罪会見で「不徳」という言葉を使う場合、「それは私に徳がなかったからであります」とは言わない。そんな言い方をすれば、

「この場合の徳とは、具体的になんですか？」

「その徳とやらを見せてください」

と突っ込まれるかもしれない。しかし「不徳の致すところ」と慣用句の定型文になっていれば、人はそれをカタマリとしてとらえる。そこから先に追及が進まないのだ。同様なものに、

「慙愧《ざんき》に堪《た》えない」

「忸怩《じくじ》たる思い」

「捲土重来《けんどちょうらい》を期す」

などもある。定型のキメ言葉で、いかにも**答え終わった感じを醸し出す**ので、「それは

具体的にどういうことですか？」と問いにくい。慣用句そのものを知らないと思われたくないからでもある。これが慣用句テクだ（もちろん、慙愧、忸怩、捲土重来は【漢語テク】にもなっている）。

＊

作家・山田風太郎《やまだふうたろう》は『半身棺桶《かんおけ》』という本の中の「好きでない言葉」というエッセイでこう書いている。


よく聞く言葉で、好きでない言葉を列挙する。

「不徳のいたすところで」「まことにイカンである」

どっちも政治家が愛用する言葉である。しばしば、これがくっついて使用される。

不徳のいたすところは顔を見れば一目瞭然《いちもくりょうぜん》だが、これをいうときの表情はクソッタレメ！　といっている。ほんとうに不徳だと思っているのなら即刻、政治家をやめるがいい。人から迷惑を受けて、イカンである、というのならわかるが、自分がワイロをもらっておいて、まことにイカンである、と、ひとごとみたいにいう。

心にもない挨拶《あいさつ》用語だ、ただ言葉の遊びだというので、以前から失笑のままになっているけれど、ただそれだけならまだいい。タチの悪いことは、この発言者が、それを聞くものが右のごとく解釈することをちゃんと承知の上で、この言葉を使っていることである。

この文章は一九七九年に書かれている。以前からすでに失笑される言い方で、使うほうはそれがわかっていながら使い、われわれはそれを許してしまっている——ということだ。残念ながら今もなお、そうなのだ。

国会話法

遺憾である
真摯に受け止める
不徳の致すところ

↓

ホンネ翻訳

謝る気なんてさらさらない。これ言っときゃ、世間は満足するんだろ?

3 とすれば型

ifの省略

誤解を招いた

そういうふうに
受け取られた

不快な思いをされた
方がいる

ご迷惑をおかけした

受け手側問題テク

とすれば

仮定変換作用

問題だ

疑似謝罪レベル1
「他人事作用」

言葉足らずで
あった

疑似謝罪レベル2
「仮定の追認」

お詫び
申し上げたい

疑似謝罪レベル3
「先送り効果」

「誤解を招いたとすればお詫び申し上げたい」
～「事実」を「仮定」に

「誤解を招いたとすればお詫《わ》び申し上げたい」

という謝罪の言葉に、「はたしてそれは謝罪しているのだろうか？」という疑問を、以前から何度も色々な方が指摘している。もっともだと思う。

いや、「誤解を招いたとすれば……」だけではない。他にも、似ているが微妙に違う言い回しによる謝罪場面、釈明会見に出くわすことがある。「そういうふうに受け取られたとしたら……」「ご迷惑をおかけしたならば……」など。そして毎回、「これは謝ってるのか？　どうなんだ？」となんだかモヤモヤする。「開き直っているのではないか？」と少しイラッともする。

しかし、毎度モヤモヤ・イライラしながらもなんとなく丸め込まれてしまうのは、悔しいではないか。ああいった表現には、何か共通するごまかしテクニックが仕込まれているに違いない。それを知ればもう丸め込まれない！――と分析してみた。

ここでは、お笑いコンビの「かまいたち」（山内健司《やまうちけんじ》・濱家隆一《はまいえりゅういち》）の「ＵＦＪ・ＵＳＪ漫才」というネタを例に説明してみたい。Ｍ－１グランプリの決勝でも大爆笑をとった漫才なので、知っている方もいるだろう。山内が、ＵＳＪ（ユニバーサル・スタジオ・ジャパン）に行って来たという話をＵＦＪ（三菱ＵＦＪ銀行）と言い間違える。それを相方の濱家に訂正されると「間違えたのはお前のほうだ」と言い張り続けるネタだ。山内のちょっとサイコパス風なキャラと相まって、とても面白い。もちろん会場のお客さんは全員、間違えたのは山内のほうだと知っている。山内本人も知っている。なのにそれをごまかそうとして、山内はこう言うのだ。

「もしお前の主張通りＵＳＪ・ＵＦＪを言い間違えたんがオレなんやとしたら、オレ、なんで今こんな堂々としてるわけ？」

この前段に注目してほしい。「もし〈　〉としたら」は、仮定の話をする典型的表現だ。

〈If I were a bird, I could fly to you（もし私が鳥ならキミのもとへ飛んでいくよ）〉

安手のラブソングに出てきそうなフレーズだが、英語の「if～」の例としてよく出てくる文例だ。学生時代のおぼろげな記憶をたどると、英語でいう仮定法過去というやつではないのか？　この場合、「もし」を受ける言葉は、「〈　〉ならば・〈　〉としたら・〈　〉とすれば・〈　〉であるなら」などのどれでも構わないが、〈　〉に入るフレーズは〈事実ではないこと〉に決まっている。

「もし私が鳥ならば……」＝私は鳥ではないが、鳥だと仮定すると……

「もし過去に行けるとしたら……」＝過去には行けないが、行けると仮定すると……

「もし透明人間なら……」＝透明人間ではないが、透明だとすると……

ということ。


ここで、かまいたちの漫才に戻る。

「もし〈お前の主張通りＵＳＪ・ＵＦＪを言い間違えたんがオレ〉なんやとしたら……」と言っている。この〈　〉部分は、たった今衆人環視の中で行われた「事実」だ。ところが、「もし」「ならば」でサンドイッチされると、

「俺は言い間違えてないが、間違えたと仮定すると……」

という文脈になり、さっきまでの「事実」が「仮定」のことのように思えてしまう。見事だ！　漫才としては見事だが、このテクニックを国会話法に使うと、

「誤解を招いたとすればお詫び申し上げたい」

←

「誤解を招いてはいないが、誤解されたと仮定すると……」

というニュアンスでごまかしていることになる。

「とすれば」による「印象操作」――【仮定変換作用】

さらに「もし〈　〉」には、事実でないとは言い切れないが事実かどうか未確定、と

いうケースもある。

「もし彼が犯人とすれば……」＝犯人かもしれないし、犯人ではないかもしれないというパターンだ。

国会話法がこれだとすると、

「誤解を招いたとすれば……」

←

「誤解があったかどうかわからないが……」

というニュアンスで、やっぱりごまかしている。

ポイントは「〜とすれば」と受けるところにある。この接続詞によって、〜より前に述べたことがあたかも「実際にはなかったこと」あるいは「あったかどうかわからないこと」になってしまうのだ。

勝手にこういう仮定変換を行うことによって、謝罪すべき出来事が実際にあったのかどうかが曖昧《あいまい》になる。すると後段の謝罪パートは、仮にあったとして謝っておきましょうかね、はいはい——ということになるから、本人の心理的負担がぐっと軽くなるのだろう。

あ、もう一つ、「もし〈　〉」には、現時点ではまだわからない先のこと、というケースもあるな。

「もし雨なら、中止だ」＝雨かどうかわからないが、雨が降った場合は中止というパターン。

国会話法がこれだとすると、

「誤解を招いたとすれば……」

←

「誤解を招くかどうかわからないが、招いた場合は……」

先回りして事前に謝罪なんかするわけがないから、このケースはないか。

《ifの省略》は【仮定変換作用】の隠蔽

加えて巧妙なのは、ここで「if（もし）」の省略を行っていること。「もし〜とすれば」は仮定の話をする時のフルセットだ。お節介にもそれを補ってみると……

「もし誤解を招いたとすれば……」

「もしそういうふうに受け取られたとすれば……」

「もし不快な思いをされた方がいるとすれば……」

「もしご迷惑をおかけしたとすれば……」

どうだろう？　会見でこんな言い方をすると、

「〝もし〟とはなんだ、〝もし〟とは！　現実にそうなのだ」

と突っ込まれるのがオチだ。**「if」の省略によって、仮定変換を行ったことが見えにくくなる。**

責任を相手に押し付ける【受け手側問題テク】

事実を仮定に変換するという大仕掛けの他に、細かなテクニックも駆使している。その一つに、【受け手側問題テク】がある。

誤解　誤解とは「間違った理解や解釈」のこと。間違えるのは誰か？　発信者ではなく受け手側だ。つまり、私の発言・文章・行為によって何か問題がおきているのは、受け手側が間違った理解や解釈（誤解）をしたからだ。もともとこっちにそういう意図はない。これはすなわち、こちらの真意通りなら（誤解されないなら）問題はおきないのであるから、私の発言・文章・行為は正しいのだ……という主張を暗にほのめかしている。

受け取られた　これも同様だ。そういうふうに受け取ったのは受け手側の感情であって、もともとこっちにそういう意図はない。これはすなわち、こちらの真意通りなら……（以下同様）。

不快な思いをされた　不快な思いをした人もいるだろうが、そう思わなかった人もいる。受け手側それぞれの印象だ。これはすなわち……（以下同様）。

「受け手側の問題＝発信者側の問題ではない」だから、**「≒私に非はない」**となってくるのだ。前段はこのように見せつつ、さらに念入りに「とすれば」で仮定変換を行った上で、ようやく後段は謝罪パートになる。しかしここでもまた、いくつかのパターンを駆使している。

《偽似謝罪レベル1》【他人事作用】

問題だ　なんらかの問題になっているから会見を開いたり取材に答えたりしているわけで、そこでのコメントが「問題だ」では、結局何も言ってないことになる。しかも、「とすれば」で仮定変換を行った上であるから、これは「仮に問題があったとすれば、問題だ」ということで、トートロジー（同義語反復）になってないか？

いや、評論家とか第三者が言う分にはいいのだ（それでも、何も言っていないわけだが）。しかし当事者・関係者がこれを言うと、なんだか**「私とは関係ないことですが、まったくもって困ったもんですねえ、御同輩」**と言っているようで、**他人事《ひとごと》感が強くなる。**

《偽似謝罪レベル2》【仮定の追認】

言葉足らずであった　これは自らの非を認めている。が、説明不足であった、言い方がよくなかった……と表現方法に関する非を認めているだけで、内容に関する非を認めているわけではない。【受け手側問題テク】と呼応して、誤解されないよう・そう受け取られないように表現していれば問題はおきなかったはず。つまり、真意は間違っていないという主張を底に忍ばせている。「とすれば」で設定した仮定を追認、あるいは補強しているだけだ。

《偽似謝罪レベル3》【先送り効果】

お詫び申し上げたい　他にも「謝罪したい」「謝りたい」などというパターンがある。これはしっかり謝罪文言が入っているのだからちゃんと謝っている……ように見える。が、なぜ「お詫び申し上げます」「謝罪します」「謝ります」と言わないのか？

「～たい」というのは希望の助動詞ということになっている。この先いつかお詫びするつもりだ、謝りたいなあ、というわけだ。**希望として表明はしているが、まだ謝ってはいない**のではないか？　謝罪の先送りだ。だったら今この場で謝ればいいのに。

＊

全体をもう一度まとめると、こうなる。

「ifの省略」と「任意の前提条件（受け手側問題）」による前段を、「とすれば」の仮定変換で受けて、後段の「疑似謝罪」につなげることで、全体を「謝罪風」に見せる。

【とすれば型】はあの手この手で条件や留保をつけた高度なごまかし手法であることが、よくわかる。

ちなみに、勘違いしてはいけない。謝罪会見というのは、誰か偉い人が大勢の前で頭を下げる儀式を見て「ほーら、このザマだ」とせせら笑い、溜飲《りゅういん》を下げる場ではない。当事者が、①まず非を認め、②迷惑をかけた相手に謝り、③問題はどこにあったのかを明らかにし、④今後どうやって改善するのかを語る場だろう。最初の①②あたりをあの手この手でうやむやにしていると、③④に進まないのだ。

意地悪い見方をすると、問題点を明らかにし（ということは責任者が明らかになる）、**今後の改善をしたくないから、その前で止めている**のかもしれない。

国会話法

誤解を招いたとすれば……
そういうふうに受け取られたとすれば……
不快な思いをされた方がいるとすれば……
ご迷惑をおかけしたとすれば……

↓

ホンネ翻訳

そっちが勝手に誤解したのだ。こっちは悪くない

4 門前払い型1

批判はあたらない（なぜならば……）

（……という理由で）ご指摘はあたらない

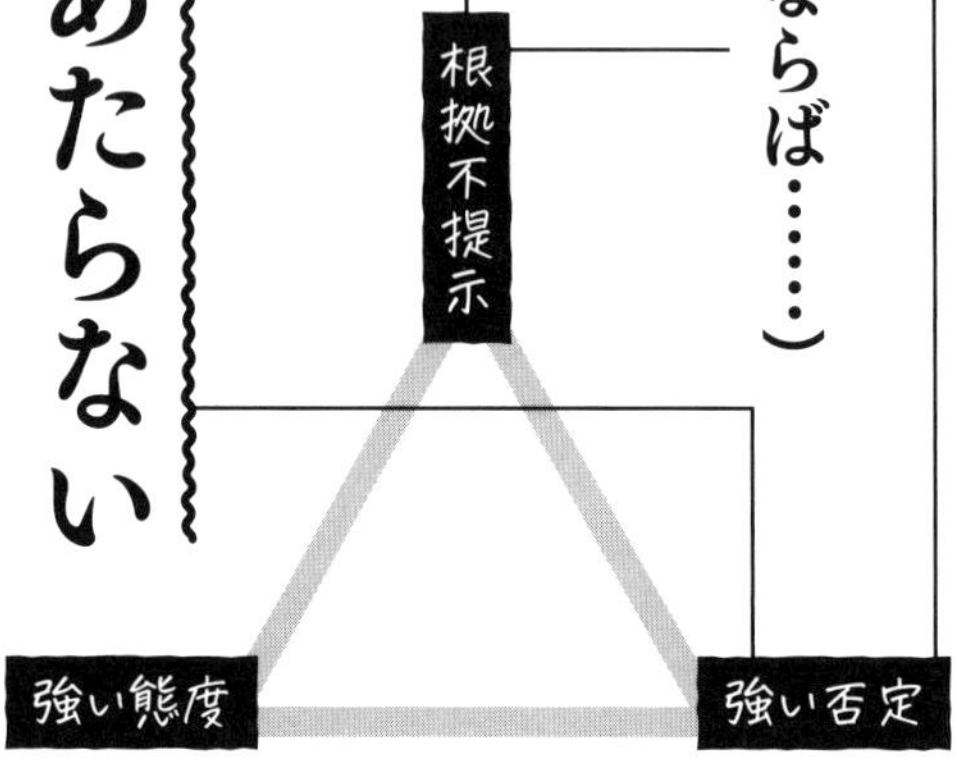

拒絶のトライアングル

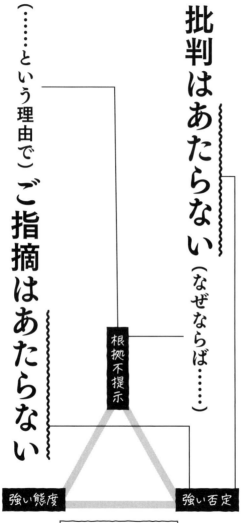

「批判はあたらない」
～拒絶のトライアングル

基本、人は誰かに批判されるのがイヤだ。そりゃそうだ。的《まと》はずれや勘違いによる批判には「違うんだよ。わかってないなあ」と腹が立つし、核心をついた批判には「うぐっ、それを言われると……」とへこみ、「なにもそんなふうに言わなくても」と腹が立つ。どっちにせよ腹が立つのだ。

もちろん、批判を受け入れて改善していけばいいのだとわかってはいる。が、そう達観できるものではない。プライドというものもある。人の心は弱いのだ。とくに他の人に見られている所で批判されるのはつらい（口頭でも、文書でも、ネットでも）。昔から、「ほめる時は多くの人の前で、叱《しか》る時は人のいない所で」と言うが、その通りだと思う。批判と叱るは違うが、まあ、共通する部分は多い。

しかし、政治家や官僚が世間から批判を受け、他の議員や各種メディアの記者から質問を受ける時は、多くの人に見られる状況で行われる。議会や委員会や記者会見の場だ。質問者とのやりとりがテレビ中継やインターネット中継され、新聞も報道する。国民が従うルールを作り、運用する権限を持つ人たち（ひらたく言えば、権力を持つ人たち）なのだから、当然だ。こういうのを「人のいない所」でやる配慮は必要ないし、やってはいけない。

なので逆に考えると、何か問題があって批判されている政治家や官僚ならば、できるなら人のいない所で質問を受けたいだろう。いや、そもそも、批判され、質問を受ける場など設けたくない、そんな所にノコノコ出かけたくない、というのが本音ではないか？

しかし立場上そうはいかない。権力は批判されることとセットで与えられるものだから。議会で証言したり、委員会で質問に答えたり、あるいは記者会見を開くことが避けられない場合は、次善の策としてなるべく自分に有利な状態で進行したい……と考えるだろう。それが人間だ。これまで見てきたケースから彼らの考えを推測し、チャートで表してみた。

〈大前提〉自分のやったことを批判されたくない。
↓
〈理想〉質問される場（議会、委員会、記者会見など）を設けない。
手法1・仮病を使って入院する。
手法2・他の公務で忙しくして、時間を作らない。
手法3・ずるずると引き延ばして、世間の関心が薄れるのを待つ。
↓
そうもいかないので、質問される場に出席する。
↓

〈妥協案1〉非公開で行う（取材を入れない）。

←

〈妥協案2〉公開の場で行う。ただし質問者は少人数で、批判的な人を入れない。

←

〈最悪〉公開の場で、批判的な人もいる中で行う。

保険1・他に国民的興味がある出来事の日程に重なるようにする（なければ、こういう時のために取っておいた芸能スキャンダルを放出する）。

保険2・テレビの生中継をしない（前記の話題に食われる形にする）。

保険3・身内の司会者によって、有利な進行をする。

保険4・身内の質問者による、用意された質問に答える。

保険5・開催時間を短く設定する。

保険6・後ろに予定を入れておき、「次があるので」と早めに切り上げる。

←

〈最悪の最悪〉公開の場で、ガチの質問にガチで答える。

なんということだ。素朴にイメージしていた普通の議会や委員会、記者会見は、権力者側にとって「最悪の最悪」の選択だなんて!……ことわっておくが、これはあくまで私が勝手にそう推測しているだけ。実際に当事者がどう思っているのかはわからない（最悪の最悪の最悪、と思っている可能性もあるが)。

【門前払い】の三大要素

公開でガチの議論になった場合、どこでボロが出るかわからない。一番簡単で、なおかつ有効な防御策は**「議論をしない(させない)」**ということなのだ。いわゆる「門前払い」。質問の入り口で突っぱねてしまうという荒っぽい手法だ。あまりほめられるやり方ではないが、背に腹は代えられない。それには三つの要素が必要だ。

1「強い否定」

こういった答弁でよくあるのは、わかりにくい専門用語を使い、だらだらうねうねとまわりくどい説明(釈明)を行うという方法だ。言質《げんち》をとられないため、質問に答えているようで、答えていない。いや、そもそも何か言っているようで実は何も言っていない。ただ、懇切丁寧《こんせつていねい》に説明はしましたよ、という印象を与えることはできる。頭のいい人がよくやる手法だ。

そのまったく逆で、冒頭にハッキリ否定するという方法もある。相手の批判に対しては遠慮会釈《えんりょえしゃく》なく「その批判はあたらない」と突っぱね、何か指摘されると即座に「その指摘はあたらない」と言い切る。これから議論を始めようと相手が繰り出した最初の一言にカウンターパンチを見舞うのだ。カウンターだから躊躇《ちゅうちょ》なく、強い否定の言葉のほうがいい。

相手がムッとしようが、鼻白《はなじろ》もうが関係ない。

道場破りが「頼もう〜!」とやって来た時、相手が強そうな場合はもちろん、弱そうな場合でも、いったん道場に上げてしまえば何がおこるかわからないのだ。道場破りをするくらいだから実際に強い可能性がある。弱い場合でも、なりふり構わずメチャクチャなことをしでかすかもしれない。ひょっとしたら懐に凶器を隠し持っているかもしれない。コテンパンにして追い払ったとしても、あとで周囲に「五分《ごぶ》の勝負だった」と言いふらされるかもしれない。

入り口でハッキリ拒絶し、**道場に上げない**のが一番いいのだ。

2「根拠不提示」

そんなに強く「批判はあたらない」と否定するならば、〈なぜならば……〉とその理由を語らなければ説得力がない。「指摘はあたらない」の場合も同様で、〈……という理由で〉あたらない、と根拠を示すべきだろう――と普通は考える。私もそう考える。

しかし、どうやらそうではない。実はこの手法の**ポイントは理由やデータ、証拠、といった根拠をまったく示さない**ことにある、と見た。

〈なぜならば……〉

〈……という理由で〉

という部分を一切語らない理由は、三つある。

①理由や根拠、データを語ると、そこからボロが出る可能性がある（ひょっとしたら、もともと根拠がない可能性もある）。

②あえて根拠を語る必要がないほど自明なことだと思わせる（質問者が根拠を訊《き》き返すことが恥ずかしいとすら思わせる）。

③「私はお前にそこまで説明しなくてはいけないのか？」と上から圧をかける。

実はこの③がもっとも重要なのだと思う。「私が白と言えば白、黒と言えば黒なのだ」ということ。そこに理由なんてものは必要ない。

自分は根拠のあるなしに関係なく発言できる特別な存在なのだとアピールし、威圧することに意味がある。

3「強い態度」

それには表現力も必要になる。自信たっぷりの強い態度で言うのだ。口調はハッキリと、言葉をキメにかかる。冷淡に、あるいは、当たり前ではないかという横柄な表情。仏頂面《ぶっちょうづら》でもいい。なんなら睨《にら》んでもいい。強面、ふてぶてしい。木で鼻をくくる。ケンもホロロ。取りつくしまもない……といった表現は普通はマイナス評価に使われる。が、ここではあえてそうするのだ。

＊

以上述べた「強い否定」「根拠不提示」「強い態度」の三位《さんみ》一体《いったい》を【拒絶のトライアング

ル】と呼びたい。この三つがセットになることで強い効果を表す。

はて、こういうのはどこかで見たことがあると思わないだろうか？　そう。映画やドラマで、ギャングのボスや右翼の大物、フィクサー、ヤクザの大親分、悪の組織の親玉、「影の〜」とか「〜の黒幕」と恐れられるキャラクターが言葉少なに言うアレだ。

「言いたいことはそれだけか？」

と確認し、理由も言わず、低音で、

「答えはノーだ」

の一言だけ。

チラと側に視線を送ると、そこには屈強な男たちが控えている。わかりやすく刃物や銃を弄《もてあそ》んでいる場合もある。当然その背後にあるのは「オレに逆らうと痛い目にあうぞ」「組織をなめるな」という脅しだ。多くは暴力による。金銭の場合もある。

われわれ庶民がこれをやっても効果は薄いが、政治家や官僚の、とくに大物といわれる人ほど効果がある。なんとなれば、やはり背後に「オレに逆らうと痛い目にあうぞ」「組織をなめるな」があるからだ。とくにこの場合の「組織」は非合法ではなく、合法だ。しかも、この国で暮らす以上そこから逃れることができない合法だから、より怖い。さすがに暴力はない（と思いたい）が、社会的制度や自分たちに有利なメディアを使っての見せしめやいやがらせや報復や制裁、組織を使って搦《から》め手《て》から金銭的不利益に追い込む手法などは容易に想像できる。

権力者が映画を参考にしているのか、映画が権力者を参考にしているのかは、わからない。

国会話法

批判はあたらない
ご指摘はあたらない

ホンネ翻訳

答える気などさらさらない

5 門前払い型2

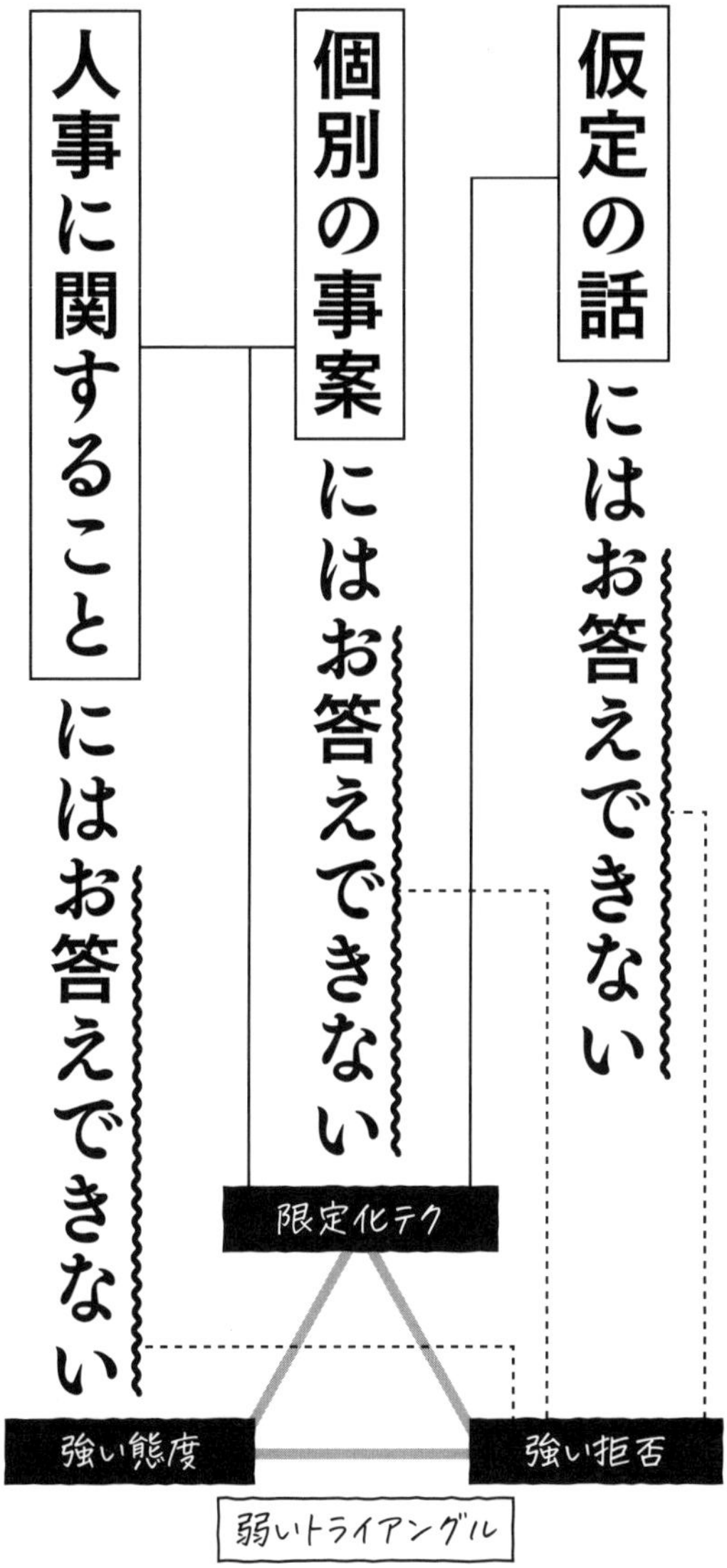

仮定の話にはお答えできない
個別の事案にはお答えできない
人事に関することにはお答えできない
限定化テク
強い態度
強い拒否
弱いトライアングル

「仮定の話にはお答えできない」

～それでは未来は語れない

門前払いにはいくつかのバリエーションがある。前出の「強い否定」「強い態度」「根拠不提示」によって形成される【拒絶のトライアングル】が門前払い型1。それとは三角形の頂点がやや異なる門前払い型2というものもある。

【強い拒否】――「お答えできない」というパワーワード

門前払い型1の「～はあたらない」という答弁は、相手の言ったこと（批判・指摘）を丸ごと「それは違う」と言っているのだから、これは全否定【強い否定】だ。しかも冒頭いきなり。たいへん失礼でもある。

それに比べ「お答えできない」という答弁は、相手の言ったことを否定はしていない。しかし「答えない」と言っているのだから、これは全拒否【強い拒否】だ。これだって十分に失礼だろう。議会や委員会、記者会見というのは、そもそも質問に答えるための場なのだ。いくら答えたくないとはいえ、最初から最後まで「お答えできない」で返すわけにはいかない（本音はそうしたいのかもしれないが）。すると、Aの質問、Bの質問には答えたけれど、Cの質問に「お答えできない」と返す場合、その理由が必要になる。そこで「〜にはお答えできない」という回答になるのだ。「基本は全部の質問に答えます、でもこれだけには答えられないんですよ」と**拒否するジャンルを限定しているように見せたい**。

「仮定の話」「個別の事案」「人事に関すること」による【限定化テク】

たとえば「仮定の話にはお答えできない」と言った場合、この返答が言いたいことを丁寧に補うと、〈他のことなら平気だが、これは仮定の話だから答えられないのだ〉ということだろう。拒否する理由を「仮定」に限定しているのだ。

だがちょっと待ってくれ。一見もっともらしく見えるが、よく考えると、なぜ仮定の話だと答えられないのかという根拠が、よくわからない。

すでに多くの方が指摘しているが、**仮定の話に答えられないのなら未来の話はできない**ではないか、ということ。「大地震が来た時にどうするか？」「あらたな感染症が流行した時のためにどういう備えをするか？」「このまま人口が減少し続けた時、地方の荒廃を防ぐためにどんな方策をとるのか？」などの議論は、これまでに何度もなされてきた。みんな仮定の質問だ。そして、それらに答えている（その答えが優れているかどうかは別の問題）。

なのになぜ、「仮定」を理由に答弁を拒否できるのか？　そもそも政治の重要な一面は、仮定を使って未来に備えることではないか？

「個別の事案にはお答えできない」の場合も同じだ。だいたい、ほとんどの出来事は「個別の事案」なのだ。これは限定しているようで限定していない。**あっちの個別の事案には答えるけどこっちの個別の事案には答えない、というのはずいぶん身勝手**だ。

「人事に関することにはお答えできない」の場合は少し事情が違う。たしかに人事というのは、先に情報が洩れると失敗するとよく言う。だから事前の人事については答えられなくてもいいと思う。

しかし官庁は民間会社ではないのだ。公職の人事で、すでにそれが公になったあとで、プライバシーに関係ないことでも、「人事に関することは……」という理由で質問を門前払いするのは少しおかしい。だいたい、異例の抜擢《ばってき》・出世や異例の降格・排除・更迭《こうてつ》があったから質問があるのだ。そこに理由がないはずがない。それでも説明を拒否するのは、**「世間に言えない理由がある」**ということだろう。これは外部に対して不誠実だ。

が、実はこの言い方は外部ではなく、内部に対しての効果のほうが大きいと見ている。つまり、「お前たちの**出世も降格も、オレの胸三寸《むねさんずん》**だ」と暗に示しているのだ。もっとありていに言うと「オレが気に入れば出世させる。ミスももみ消してやる。ほらこんなふうにけっして口外しないぞ。しかしオレに逆らえば問答無用でクビだ」ということを、「お答えしない」ことで示しているのではないか？

なんだか先に触れた映画やドラマでの悪の大物の振る舞いに似ている気がするが、単にムラ社会のオサとしての行動のようでもある。

質問には答えられるものと答えられないものがある。まあ、そうだろう。どこの世界だって同じだ。そこに仮定、個別、人事といった**「根拠らしきもの」を添えることで、自分に都合よく選別して回答を拒否**しているのだ。正確に言えばおそらくこうだ。勝手に補足してあげよう。

〈この〉仮定の話にはお答えできない
〈この〉個別の事案にはお答えできない
〈この〉人事に関することにはお答えできない

つまり、〈あの〉仮定の話、〈その〉仮定の話……には答えるが、〈この〉仮定の話には答えないということだ。他も同じ。では、〈あの〉〈その〉と、〈この〉はどう違うのか？より正確に、勝手に補足するとこうなるのだろう。

〈私にとって都合が悪いこの〉仮定の話にはお答えできない
〈私にとって都合が悪いこの〉個別の事案にはお答えできない
〈私にとって都合が悪いこの〉人事に関することにはお答えできない

なるほど、これならわかる。だが、わかりすぎては困るのだ。だって質問者は、なぜそれが都合が悪いのかを聞きたいのだから。よって〈　　〉部分を省いて、さも一般的な根拠を示したように言っているのだ。
「根拠不提示」に代わって「限定化テク」を持ってきたことで、【拒絶のトライアングル】はやや弱くなった。なぜなら、すでに述べたように、他にちゃんと答えている仮定の話や個別の事案があるのだから。政治のプロではない私程度のレベルでも「では、こっちの仮定はなぜ答えてるんですか？」と突っ込むことができる。
根拠（みたいなもの）を言うことで印象は多少柔らかくなるかもしれないが、門前払いするなら、やはり一切の理由・根拠を提示せず、鉄面皮《てつめんぴ》に徹するべきだろう。それだと世間での評判が悪くなる？　ネットでたたかれる？　好感度が下がる？　支持率が下がる？　選挙で勝てなくなる？

身勝手な説明拒否と世間の好感度の両方を手に入れようというのは、虫がよすぎるのではないか。

国会話法

仮定の話にはお答えできない
個別の事案にはお答えできない
人事に関することにはお答えできない

↓

ホンネ翻訳

だから、答えないって！

6 門前払い型3

詳細は承知していない

報道は承知していない

訴状をまだ見ていない

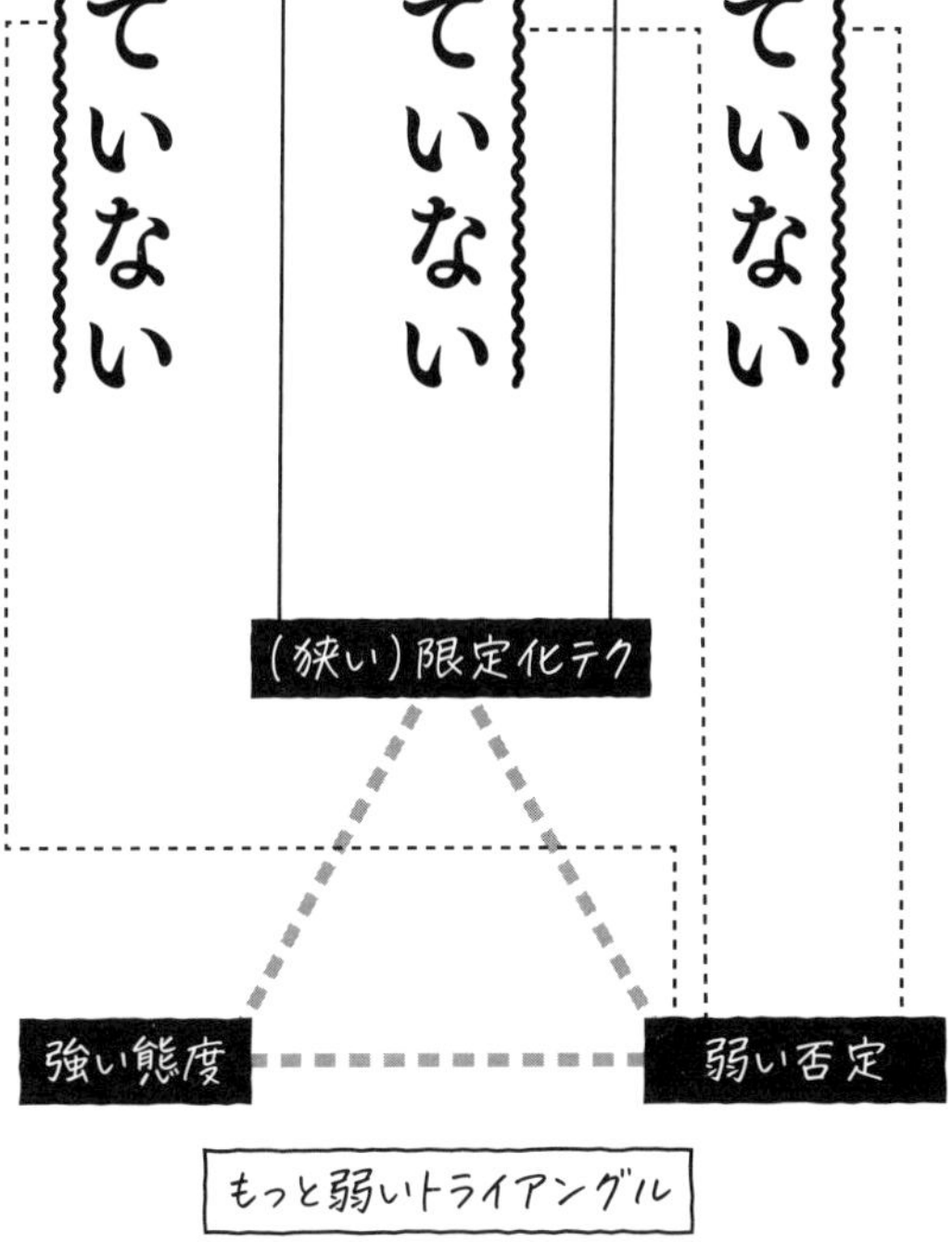

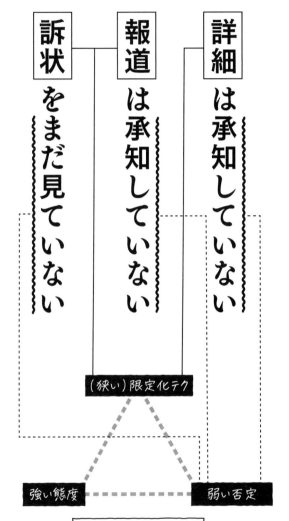

「詳細は承知していない」

〜承知しなさい！

もう一つ、門前払い型3というパターンもある。このトライアングルの各頂点は、「強い態度」は変わらないものの、「限定化テク」がより具体的になり、「否定」が弱くなっている。

【弱い否定＋（狭い）限定化テク】による「その場しのぎ」

子どもが母親に言われる。

「この前のテストの点はどうだったの？」

「知らな〜い」

彼が彼女に言われる。

「このピアス、誰の？」

「知らないなあ」

年頃の娘が父親に言われる。

「今何時だと思ってるんだ！」

「知らない」

もちろん、答えるほうはみんな知っている。テストの点は悪かったし、ピアスは他の女の子のものだし、門限はとっくに過ぎている。知っていれば自分の非を認め、謝らなければならない。それはわかっているし、そうするつもりだ。しかし今は知らないのだから、話は先に進めない、ここで終わり——ということ。要するに、その場しのぎの言い訳だ。

「承知」とは「事情を知る」ということ。国会答弁では、政治家や官僚が「知らな〜い」などと答えるのも子どもじみているので「承知していない」と言い換えているだけだ。その場しのぎの言い訳であることは同じ。

しかし、知らないことは答えられないという理屈はシンプルゆえに説得力がある。例によって勝手に真意を補足すると、こういうことだ。

詳細は承知していない〈から答えられない〉
報道は承知していない〈から答えられない〉
訴状をまだ見ていない〈から答えられない〉

その場しのぎの門前払いとしては通用する。だがこれは、実は危険なのだと思う（回答者側にとって）。なぜかというと、**「知らないから答えられない」は、その裏に「知れば答える」を含んでしまう**からだ。

しかも「仮定の話」「個別の事案」などという広めの限定化ではなく、ここでは「詳細」「報道」などの、より具体的な狭い限定化を言い訳にしているのだ。

詳細は承知していない〈から答えられない〉↓詳細を承知すれば、答える
報道は承知していない〈から答えられない〉↓報道を承知すれば、答える
訴状をまだ見ていない〈から答えられない〉↓訴状を見れば、答える

となる。質問者側（国民側）からは、詳細を知りなさい、報道を読みなさい、訴状を早く見なさい。まとめて言うと「承知しなさい！」になるのだ。

＊

以上見てきた門前払い型の答弁3タイプをおさらいすると、こうなる。

門前払い型1【拒絶のトライアングル】～強い否定／根拠不提示／強い態度
門前払い型2【弱いトライアングル】～強い拒否／限定化テク／強い態度
門前払い型3【もっと弱いトライアングル】～弱い否定／（狭い）限定化テク／強い態度

「強い態度」だけは共通している。なるほど。だから、ふてぶてしいと言われようと、図々《ずうずう》しいと言われようと、彼らは一貫して尊大な態度をとっているのか。

国会話法

詳細は承知していない
報道は承知していない
訴状をまだ見ていない

↓

ホンネ翻訳

答えたくない

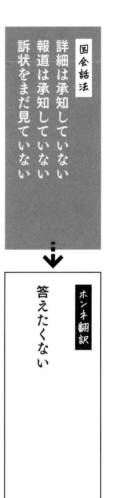

7 勝手に控える型

お答えを
答弁は
コメントを

差し控えさせていただきます

すり替えテク

許可偽装

敬語作用（別人格作用）

水増しテク

「お答えを差し控えさせていただく」

〜控えなくてよい

敬語は難しい。尊敬語・謙譲語・丁寧語の三種類だと思っていたら、文化審議会が出した「敬語の指針」（二〇〇七年）では、尊敬語・謙譲語Ⅰ・謙譲語Ⅱ（丁重語）・丁寧語・美化語の五つに分類されていた（「丁重」と「丁寧」は違うのか……）。

相手を持ち上げたり、自分がへりくだったり、特別な言葉を使って上げたり下げたりしてるうちに、誰が誰に何を言っているのかわからなくなる。源氏物語《げんじものがたり》か！　目上の相手が二人いて、その間にもあきらかな上下がある場合、慣れない敬語の使い方で混乱し、うっかり「私がおっしゃる」とか言いかねない。

ここ数年、世間での「させていただく」多用についてはすでに多くの方が指摘している。「敬語の指針」から簡単に抜粋すると、「させていただく」という敬語の形式は、

基本的には、自分側が行うことを、

ア）相手側又《また》は第三者の許可を受けて行い、

イ）そのことで恩恵を受けるという事実や気持ちのある場合に使われる。

と説明されている。う〜ん、一読しただけではよくわからない。要するに、「あなたの許可によって、私がこんなことができるのは、大変ありがたい」ということだろうか。そして、説明はこう続いている。

ア）、イ）の条件を実際には満たしていなくても、満たしているかのように見立てて使う用法があり、それが「…（さ）せていただく」の使用域を広げている。

遠慮がちな表現ながら、「させていただく」の多用について、困ったもんだと言っているようだ。この**「満たしているかのように見立てて使う」の典型が、国会話法の「お答えを控えさせていただきます」**だろう。

勝手に、「〜させていただ」いている【許可偽装】

質問者「答えてください」
答弁者「お答えを控えさせていただきます」

繰り返すが、「控えさせていただく」は、誰かの許可によって控えるということだ。この場合、質問者が「答えろ」と言うその一方で「控えてよい」という矛盾した許可を出すわけがない。もし答弁者がそのつもりで言っているのなら、質問者「答えてください」
答弁者「お答えを控えさせていただきます」
質問者「控えなくてよい」

で、あっさり解決してしまう。だがそうはならない（たぶん）。では誰の許可だと言っているのだろうか？「敬語の指針」をもう一度よく見るとこうなっていた。

ア）相手側又は第三者の許可を受けて行い、

相手（質問者）ではなく、第三者の許可ということもあるのか。この場合の第三者って誰だ？ 議長？ いや、そんなやりとりはなかったはずだ。天？ 社会通念？ 慈悲の心？……なんだか抽象的な概念になってしまう。

これは、さも、すでに許されたことであるかのような前提で話を進める【許可偽装】テクニックだ。

イ）そのことで恩恵を受けるという事実や気持ちのある場合に使われる。

許可者が誰だかはよくわからないが、答弁者は答えずにすむという「恩恵」を受けることはたしかだ。

なお、**敬語は過剰になればなるほど【別人格作用】がはたらく。**ややこしい敬語を使うという姑息《こそく》な手段ではぐらかしている自分は本当の自分ではないのだ、と思うことができる。「させていただく」はそれも兼ねている。

「謙虚な拒絶」を演出する【すり替えテク】

もう一つ、「控える」という言い方にもテクニックが含まれている。「控える」には色々な意味があるが、この場合は「見合わせる。やめにしておく」ということだ。「節制する。遠慮する」という意味もあるから、それと合わさって「答えを控える」は「遠慮して、答えないでおく」ということになるのだろう。実に謙虚だ。

しかし、質問者は「答えなさい」と言っているのだ。いったい誰に遠慮して控えることにしたのか？　天？　社会通念？　慈悲の心？……また同じことになってしまった。

つまり、

質問者「答えてください」

答弁者「お答えを控えさせていただきます」

の本音は、

質問者「答えてください」

答弁者「答えません」

ということなのだ。これは失礼だし、なにより答弁として許されない。そこで**「答えな**

い」という言葉を「控える」にすり替えている。

「丁寧な印象」を付加する【水増しテク】

「控える」を「差し控える」と言う場合もある。違いはあるのか？　大差はない。違うのは「文字数が増えている」ということぐらい。見た目の違いにすぎないが、実はこれが大事なのだ。

旅の土産物《みやげもの》や贈答品は——いきなり話題が変わって申し訳ない——ある程度の嵩《かさ》があったほうがいいというのは、昔からの人間心理だ。最近でこそ過剰包装を嫌うが、かつては包装紙をはがすと豪華な箱があって、開けるとさらに中箱があって、さらにその中でビニールとか紙とかクッション材に何重にも包まれて、小さなお菓子が入っているという土産物がざらにあった（こういう過大包装を「十二単衣《じゅうにひとえ》」と呼ぶ。現在、公正競争規約では禁止されている）。

言葉もそれに似ている。

「それおいしいの？」

「うまい」

で済むのは、よほど仲のいい者同士だ。情報のやりとりだけならこれで足りているのだが、あまりに素っ気ない。普通は、

「それおいしいんですか？」

「ええ、とってもおいしいですよ」

ぐらいは言うだろう。

「最初はどうかなァと思ったんですが、食べてみると、とってもおいしかったですよ」

と言葉の量を増やすと、より親身に、丁寧に答えた印象が伝わる。

国会話法ではこれがよく使われる。**言葉を水増しして多く語れば、内容はたいしたことはなくても親身に、丁寧に答えた印象を与える**ことができる。個別の単語でそれを行っているのが「差し控える」だ。


控える（三文字）↓差し控える（五文字）　※一・六六倍（当社比）

政治家の演説にはこういうのが多い。「勝つ」でいいところを「打ち勝つ」とか、「まとめる」でいいところを「取りまとめる」とか、「遅れる」でいいところを「立ち遅れる」とか……。表現を強調するとともに、なんとなく立派なことを言った感じがする。そこに「しっかりと」「まさに」……などの修飾語を加えれば、さらに水増しできる。

「差し控えさせていただきます」は、ややこしい敬語で人を煙《けむ》に巻くことと同時に、文字数が多いことにも価値があるのだと思う。だから多用される。では、何重にも着せた十二単衣をはがしてみよう。

お答えを差し控えさせていただきます（十七文字）
←
お答えを控えさせていただきます（十五文字）
←
お答えを控えます（八文字）
←
答えません（五文字）
←
答えない（四文字）

結局は、こういうことだろう。もとの文は、「答えない」の四・二五倍になっていたのだ（※当社比）。

しかし、言葉は必ずインフレをおこす。現時点で十分な量があると思われていても、多用するとしだいにそれが普通に思えてきて、もっと言葉を増やしたくなるのだ。近い将来、

お答えを差し控えさせていただきたいと存じます（二十二文字）

になるのは容易に想像できるし、さらに、

お答えを差し控えさせていただくことにご容赦を願いたいと存じます（三十一文字）

になるかもしれない。なんなら文頭に、「今般の事情をお含みおきいただき」とか「関

係各方面に配慮して」などの言葉を増やすことだって可能だ。しかしどれだけ水増ししても、実体は、

今般の事情をお含みおきいただき、関係各方面に配慮して、お答えを差し控えさせていただくことにご容赦を願いたいと存じます（五十八文字。読点を含む）

←

答えない（四文字）

国会話法

お答えを差し控えさせていただきます
答弁は差し控えさせていただきます
コメントを差し控えさせていただきます

↓

ホンネ翻訳

答えない

8 あたり前型

丁寧に説明していきたい

必要に応じて適正に対処していきたい

緊張感を持って事態を注視したい

裁量テク

水増しテク

先送り効果

「丁寧に説明していきたい」
～何も言わない、しない

子どもの頃から、

「相手の立場に立って考えなさい」

と教えられて育った方は多いと思う。困っている人や、体が弱い人、お年寄りや小さい子……などのことを考えなさい、と。たしかにそうだ。人はどうしても自分本位になる。自分より弱い立場の人のことを考えなさいという教えだ。要するに、

「弱者になったつもりで考えろ」

ということ。もちろんそれはとても大事だ。が、一方で、私はその逆も提案したい。

「強者になったつもりで考えろ」

どういうことか？

前項までを読んで、「重箱の隅をつついてないか？」「詮索《せんさく》のしすぎでは？」「本当にそういうホンネが隠されているのか？」などと思う方もいるだろう。書いている私だって（いくぶんは）そう思う。だがそれは、われわれがごく普通の庶民だからではないか？

想像してみよう。自分が政治家や官僚といった、いわゆる権力者と呼ばれる存在になっ

たとしたら？　いや政治に限らない。会社ならば社長やＣＥＯ、あらゆる組織の長・リーダー、スポーツならば監督・指導者、学芸ならば師匠・先生、家庭ならば多くは父親、母親の場合もある。童話的になるが、どこかの国の王様でもいい。悪の組織のボスでもいい。つまり、強い立場の人だ（すでにそういう立場の人の場合は、想像しなくても、自分の気持ちを思いおこすだけでいい）。

もちろんそれぞれに苦労や努力はあるのだろうが、ようやく高い地位について、自分の思うように振る舞えるようになった。人に命令や指示ができる。仕事上の余禄《よろく》も多少ある。たとえ本人はそう思わなくても、周囲はその人を「権力者」と認識するのだ。もちろん、本人がバリバリそう自認していることも多い。

せっかくこういう強い立場になったのだから、「この地位を失いたくない」と考えるのは当然だろう。他にも「自分への批判は許せない」し、「小賢《こざか》しいことを言うやつは排除したい」と思う。たぶん、できる。「マズいことはバレたくない」し、「押し切ればなんとかごまかせる」とも思っている。とはいえ、ごまかせないこともある。「部下の不祥事に、なんでオレが謝らなきゃいけないのだ」と思うこともあるし、「謝る場合は、何も約束しないようにしよう。それでいて誠実に見せる方法がいい。世間なんてのは忘れっぽいものだから、そうやっているうちに嵐は過ぎ去っていく。そうすりゃまた好きなように振る舞える」……と、最後のほうはずいぶんネガティブになってしまったが、なにせ権力者ではない人間が想像することだから、許していただきたい。

国会話法というのは、結局はそういう**強い立場の人間の思惑で編み出されたもの**ではないだろうか？　「記憶にございません」や「遺憾《いかん》に思う」「ご指摘はあたらない」なども、その中から生まれてきたのだ。

「相手（弱者）の立場になって」

とともに、

「相手（強者）の立場になって」

の構文解析を続ける。

【先送り効果】――実行の確約を意味しない「〜たい」

これは【とすれば型】のところでも少し触れた。

「丁寧に説明します」（約束）↓「丁寧に説明していきたい」（希望）

「適正に対処します」（約束）↓「適正に対処していきたい」（希望）

「事態を注視します」（約束）↓「事態を注視したい」（希望）

希望の助動詞「たい」を使うことで、**意欲は示しているが、約束はしていない**。先々そうするつもりである、そうしたいなあと言っているだけで実際にそうするかどうかはわからないのだ。もしやっていなくても約束違反にはならない。先送り効果がある表現なのだ。

こういう場合の語尾に「たい」をつけるな！　と思う（ただし、博多《はかた》の人を除く。もっとも、「丁寧に説明しますたい」になるのだろうが）。

【裁量テク】——どの程度「丁寧」「適正」なのかは発言者の胸三寸

とはいえ、〝丁寧に説明していきたい〟というのは、〝丁寧に説明します〟と同義語だ！　小賢しく言葉のイチャモンをつけてくるやつめ」と憤る政治家・官僚もいるかもしれない（今私は権力者側で考えているので、こうなる）。

なぁに、たとえ先送り効果がなかったとしても、他にもちゃんと保険がかかっている。何をもって「丁寧」と言うのか、だ。

それは文書による説明なのか、口頭なのか。どのくらいのボリュームなのか、説明会の頻度なのか。受け手側は分厚い報告書を丁寧だと思っていても、発信側はＡ４判の紙数枚で丁寧だと思っているかもしれない。毎週一回説明会を開くことが丁寧だと思う人もいれば、いや一回開けば丁寧だと思う人もいるだろう。

どの程度を丁寧とするかは、認定者のさじ加減なのだ。もしあとで文句を言われても、「私は当初からこれを丁寧であると認識して言っていました」と返せる。

「適正」の場合も同じだ。あなたが思う適正と、私が思う適正は違う。だいたい、説明は丁寧にするものだし、対処は適正にするものだ。「粗雑に説明していきたい」「テキトーに対処していきたい」とか言うわけがない（思っているかもしれないが）。

こんなふうに、**裁量でなんとでも解釈できる言葉を入れておくと、あとあと楽**なのだ。

他の国会話法でも、探してみると、似たような裁量ワードが巧妙に埋め込まれていることが多い。

【水増しテク】――【裁量テク】とも重なる「ボリュームアップ」

これは【勝手に控える型】でも触れた。一言で答えてしまうと素っ気ないので、修飾する言葉を加え、ある程度のボリュームを持たせて「こんなに親切に答えましたよ」とアピールする手法。

必要に応じて適正に対処していきたい
↓
適正に対処していきたい

で十分意味は通じる。

ここで、「必要に応じて」も実は裁量ワードであることに気がついた。**当事者が必要であると思わなければ、何も対処しなくていい**ことになるもんなあ。

緊張感を持って事態を注視したい
↓
事態を注視したい

同様に「緊張感」も裁量ワードといえるだろう。いたってのんびりした性格の人なら、あまり緊張は感じないかもしれない。「注視」の度合いは緊張感に呼応する。

＊

つまりは、「説明する」「対処する」「注視する」という当たり前のことを、もっともらしい言葉を連ねて、ある程度のボリュームを持たせて言っているだけ。

強者の立場に立って考えると、こうやってのらりくらりと回答をはぐらかすことが重要だとわかる。なにしろ、「この地位を失いたくない」「自分への批判は許せない」「マズいことはバレたくない」「押し切ればなんとかごまかせる」……なのだ。

一般に、「言質《げんち》を与えない」のがうまい答弁術だということになっている。だとしたら、答弁術というのはつまらないものだなあ、と思う。

国会話法

丁寧に説明していきたい
必要に応じて適正に対処していきたい
緊張感を持って事態を注視したい

↓

ホンネ翻訳

何もしない

9 ポエム型

政治とは結果責任。
だからこそ、
結果に責任があるのが政治です

トートロジー（同義語反復）

「政治とは結果責任」

〜理屈がないとポエムになる

世の中には、誰が聞いても、そりゃそうだ、あたり前だと思うフレーズがある。「政治とは結果責任」はその一つだろう。他に「地球環境を守るべき」でも「財政再建は急務」でもいいし、「今のままではいけない」でもいい。なんなら「1＋1＝2」でもいい。

そういった言葉を冒頭に掲げ、「だからこそ」とか「なぜなら」「すなわち」などの言葉でつなぐ。すると普通は、そのあとに何か次の展開が来る。ところがあとに続くのは、多少語順を変えてはいるが冒頭と同じフレーズ。「Aだ。だからこそ、Aである」とか「Aだ。なぜなら、Aだから」というトートロジー（同義語反復）だ。要するに堂々巡り。

「今のままではいけない。だからこそ、日本は今のままではいけないと思っている」

「1＋1＝2だ。だからこそ、1に1を足すと2になるのです」

感想としては、「そりゃそうだ」「あたり前だよな」しかない。「それは間違っている！」とは言えないのだ。ここがポイント。発言者がなんらかの主張や考えを表明するから、それを批判したり疑問をさしはさんだりするのだ。ところがそもそも主張や考えがないのだから、批判のしようがない。こういう国会話法をポエム型と呼ぶ。だがしかし、政治とは結果責任。古い昭和の時代とは違うのです。いや、昭和が悪いというのではありません。しかし今や二十一世紀。時代はどんどん進んでいるのです。DX（デジタルトランスフォーメーション）の時代には、すべてに透明性が求められます。われわれ政治家は新しい時代に対応しなければなりません。だからこそ、結果に責任があるのが政治です。

なにやら理屈めいたことをしゃべってはいても、その実は網掛けの部分が増えただけで、内容は同じトートロジーなのだ。

かつて、竹下登《たけしたのぼる》首相の発言は「言語明瞭《げんごめいりょう》意味《いみ》不明瞭《ふめいりょう》」と呼ばれた。言葉数多く丁寧にしゃべってはいるが、結果として何を言っているのかよくわからなかった。あれと同じだ。ポエム型の発言は笑いやすいが、なに、言語明瞭意味不明瞭型だって同じだ。つまりは、出来の悪いポエムか出来の悪い理屈かの違いだけ。

国会周辺話法

政治とは結果責任。だからこそ、結果に責任があるのが政治です

↓

ホンネ翻訳

政治とは結果責任

第二章

国会周辺話法の構文解析

政治の当事者だけでなく、それを伝えるマスメディア側にも同じようにモヤモヤする発言がある。さらにそれを批判するネットにもあるし、さらにさらに私たちにもある。これらをまとめて国会周辺話法と呼ぼう。国会話法が私たちに伝染《うつ》ったのか。いや、実はあれはもともと私たちの中にあるものだったのか。

1 あたり前型（マスメディア編）

あってはならないこと
事実であれば問題だ
今後のなりゆきが注目される

俯瞰冷静アピール
否定確保
非当事者テク

「あってはならないこと」

～前から危惧していた……のか？

「政府は○○の方針を固めた」

「～であると、政府は発表した」

「この事について、政府はいったい何をやってるんだ！」

構えの大きな言葉を使うと、自分も大きな存在になったような気がするし、少し賢くなった気もして満足度が高い。だがしかし、その「政府」ってのはなんだ？　フワフワしていて、実体がよくわからないのだ。「○○の方針を固めた」のは、具体的には誰なんだ？「～である」という発表文書を呼んでいる人が政府なのか？　いや、それは官房長官とか広報官とかいう人だろう。では、「～である」と決めた政府なるものはどこにいるんだ？われわれは、誰に対して「いったい何をやってるんだ！」と怒ればいいのか？

辞書にはどう出ているのか。

広義の政府は「立法・司法・行政のすべての機関」とある。これはたしかに広いなあ。すべての機関だから、国会議員も、裁判官も、○○省の役人の末端まで含むことになる。裁判官は、同じ政府の仲間である国会議員や官僚を裁きにくいのではないか？　人情として……と素朴に思う。

　狭義の政府は「行政府（内閣と行政機関）」。これでもまだ広い。行政機関も含んでいるから、○○省の官僚・役人もすべてだ。

　最も狭義の政府は「内閣」。ようやく、イメージできるほどに狭くなった。認証式後の記念撮影で、首相官邸の大階段にずらりと並ぶあの大臣たちが「政府」なんだな。一番偉いのは総理大臣だな、と。

　かつては、王様や殿様とその重臣たちが「政府」だったんだろう。乱暴に言えば、「この国はオレが支配する。オレと側近たちがこの国のすべて（立法・司法・行政）を決める。オレに逆らうやつは許さん。全権力はオレ様にあるのだ。文句あっか！」ということだ。朕《ちん》は国家なり。

　日本国憲法第四十一条に「国会は、国権の最高機関であって、国の唯一の立法機関である」とある。辞書によると、国権とは国家権力、国家の支配や統治を行う権力、とある。じゃ、これが政府じゃないのか？　最高機関なんだから一番偉いんじゃないのか？　う〜ん、よくわからない。

　この「権力」という言葉も、やはり構えが大きい。

「権力の横暴は許せない！」

　こんなふうに使うと正義感、高揚感がある。何か立派なことを言っている気分になれる。ちょっと青くさく、気恥ずかしくもあるが。

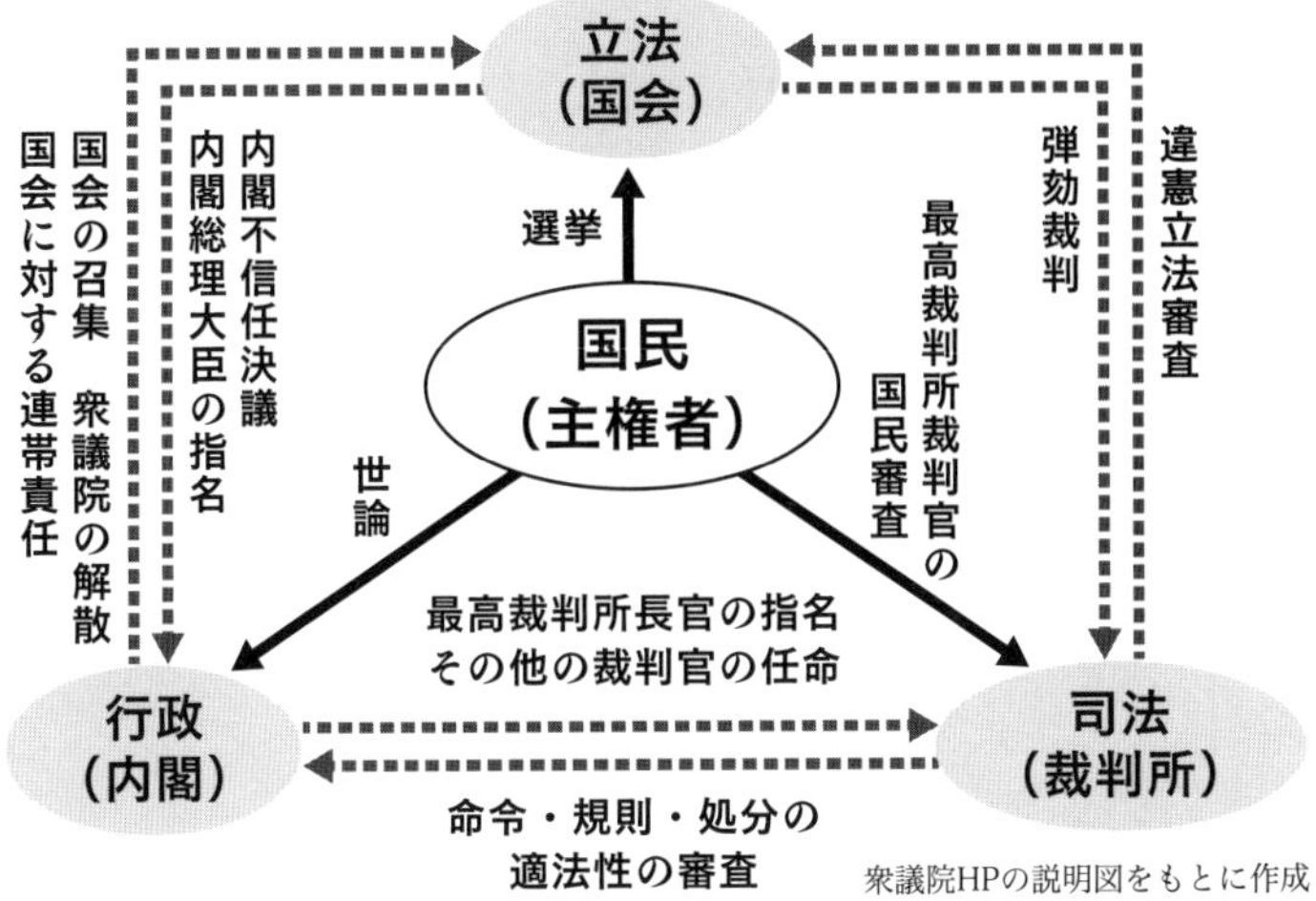

衆議院HPの説明図をもとに作成

権力ってのは強制力がある。立法・司法・行政はそれぞれ権力を持っているから、三権分立によってお互いが牽制《けんせい》しあう仕組みになっている——と教科書にあるが、さっき見たように三権＝広義の政府なのだ。言ってみれば仲間内。それって、ちゃんとチェック機能が働くのか？

外からの監視役も必要だ。それが主権者である国民で、立法に対しては「選挙」、司法に対しては「国民審査」、行政に対しては「世論」というチェック機能を持つ——とこれまた教科書ではそうなっているが、世論か、世論なあ……。しかも政府の本丸である行政に対してだ。それって、弱くないか？

メディアによる報道という監視役もある。建前では、私たち国民一人一人が常に国の権力をチェックしましょう——なのだが、実際問題それは難しい。監視の専門家集団がいれば、国民としては楽チンで、ありがたい。そこで、マスメディアは第四の権力と言われる。ところがこの言葉は、現在二つの意味で使われている。

1「三権を監視する、外から（国民側から）の権力」

政府↓×↑**マスメディア**↑国民

2「三権とは別の、新たな（国民に対する）権力」

政府
マスメディア
｝↓×↑国民

マスメディアから放たれる矢印（監視）の向きがまったく逆だ。1は国民のあと押しで政府を監視するが、2は政府とは別口の権力として国民に降りてきている。この2はさらに三つの見方に分かれているようだ。

2-A「三権の意を汲んで、国民コントロールに協力する権力」

政府↓**マスメディア**↓×↑国民

2-B「三権に協力したり横槍を入れたりする、もう一つの権力」

政府
→←
マスメディア
｝↓×↑国民

2-C「（国民の後ろ盾があるように見せて）三権をコントロールしようとする権力」
（国民↓）**マスメディア**↓政府↓×↑国民

マスメディアのことをマスコミとも言う。ネットには「マスゴミ」という安直な悪口がある。2がそうなんだろうが、2-A↓2-B↓2-Cと進むほどにだんだん陰謀論の匂いもしてくる。まあ、

2-D「世界を支配する闇の組織の命を受け、秘かに三権を操る権力」
世界を支配する闇の組織↓**マスメディア**↓政府↓×↑国民

……なんて言い出さないだけいいだろう（言ってる人もいそうだが）。

もともとは、イギリスのエドマンド・バークという人（アメリカ独立を支持し、フランス革命を非難した。つまりその時代の人。「保守主義の祖」と呼ばれる）が、ジャーナリズムのことを「第四の階級」と言ったのが始め。それをトーマス・マコーリーという人が定着させたという（十九世紀に！）。ずいぶん古い。

しかももとの表現は「第四の階級」だ。これは国王（または聖職者）・貴族・市民に次ぐ

勢力という意味で、すでにこの分類にかなりの時代感がある。この市民（第三の階級）がブルジョワジー、そして第四の階級がプロレタリアートになり、ジャーナリズムでもあるというんだから、もう言葉からして古色を帯びている。

それが誤用というか、誤訳によって「第四の権力」になったようだ。が、これだけ広まったのは、そうあってほしい（三権を監視する、外からの権力）という気持ちと、怖いなあ（三権とは別の、新たな権力）という気持ちにピッタリはまったからだろう。

では、どっちなんだろうか？

【俯瞰冷静アピール】を演出する3フレーズ

1「あってはならないこと」

政治家や官僚の不正、不祥事、汚職などがおきた時、

「ひどいことだ」「許せない！」

と思うのは、誰にだってある普通の感情だ。が、監視役のマスメディアとしては、それでは普通の人たちと同じだ、重々しさがないと思うのか、こう言うことがある。

「あってはならないことだ」

テレビでは、いわゆる識者が言う。眉間《みけん》に皺《しわ》など寄せながら。新聞の社説に書かれていたりもする。たしかにその通りだ。異論はない。でもそれは「ひどいことだ」「許せない！」とどう違うのか？　この「あってはならないこと」という表現の中には、

「もちろん言語道断《ごんごどうだん》なことだ。だが、そうなってしまう確率をゼロにはできない。実は以前から、いつかはあるかもしれないと秘かに危惧《きぐ》していたのだ」

というニュアンスが込められているのではないか？　つまり今、目の前でおきている個別の出来事に対してだけを言っているのではなく、「その背景や経緯についても知っている」上で**「実は前から危惧していた」というアピール**だ。そしてなぜか、ちょっと上から目線だ。

2「事実であれば問題だ」

この場合も似ている。単に「問題だ」でもいいのだが、前段に「事実であれば」をつけることで、「そんなことはおきないだろうと以前から考えていた感」が出せる。加えて、「まだ裏取りをしてない段階なので」と自らの言葉に保険をかけ、さらに「私はいつも情報を鵜呑《うの》みにしないのだ」という**慎重さもアピール**できる。

3「今後のなりゆきが注目される」

この場合は逆。「以前から考えていた感」ではなく、ニュースや記事の最後につけることで**「これから先も考えていく感」をアピール**をしている。

＊

これらの話法に共通するのは、メディアは個々の出来事に反応しているのではなく、常に俯瞰《ふかん》でものごとをとらえ、冷静に、思慮深く伝えているという【俯瞰冷静アピール】だ。

似たような表現に「おこるべくしておきた」もある。だが、これはやや他人事《ひとごと》で、一歩引いた印象になる。違いはなんだろう？　否定のニュアンスが入っていないからではないか。「あってはならない」「事実であれば問題だ」は、【否定確保】テクがあることによって、批判的な立場であることを示せるのだ。

なるほど。ここまでなら、マスメディアは「三権を監視する、外から（国民側から）の権力」に見える。しかし一方で……。

【非当事者テク】としての「今後のなりゆきが注目される」

「今後のなりゆきが注目される」という言葉は「～注目される」と受け身になっているのがポイント。注目しているのは誰なのか？　「（われわれメディアが）今後のなりゆきを注目していく」ではないのだ。さっきまで俯瞰冷静で伝えていたのに、急に他人事みたいだ。

報道の現場でこれは「ナリチュー」と呼ばれ、最近は使わないようにしているようだ。もっとも、それに代わって「予断を許さない状態」とか「先行きは不透明だ」とマイナーアレンジをしたものが使われることもあるから、あまり変わらない。気持ちはわかる。こういった文章をニュースの最後につけると、**なんとなくおさまりがいい**のだ。

落語に「根岸《ねぎし》の里の侘《わ》び住まい」というフレーズが出てくる。季語のあとにこのフレーズをつなげれば、なんでも俳句っぽくなるというもの。

菜の花や根岸の里の侘び住まい
ほととぎす根岸の里の侘び住まい
柿食えば根岸の里の侘び住まい
降る雪や根岸の里の侘び住まい

……たしかに、みんなそれらしくなる。根岸の里のポテンシャル、恐るべし！　**「今後のなりゆきが注目される」は、ニュースにおける「根岸の里の侘び住まい」**なのだ。

＊

前章で【あたり前型】について触れた。あたり前で簡単なことを、もっともらしい言葉を連ねて、ある程度のボリュームを持たせて言う、という国会話法だ。マスメディアにおいてもそれがある。たとえば政治家の不祥事が明るみに出た場合、

「（今回の事件は）あってはならないことで、事実であれば問題だ。今後のなりゆきが注目される」

と言えば、ただ三つの言葉を並べただけで何かを言っているように見える。しかもたいていのニュースに対応できる。大変汎用性《はんようせい》が高い話法なのだ。これで監視役が務まっているのだろうか？

なお、「あってはならないこと」と「事実であれば問題だ」は、答弁に立った政治家や官僚が口にすることもある。俯瞰冷静アピールができるので使いやすいのだろう。が、管理監督する側がそういう他人事みたいな答えでいいのか？

（そんな使い方は）あってはならないことで、事実であれば問題だ。今後のなりゆきが注目される。

国会周辺話法

あってはならないこと事実であれば問題だ今後のなりゆきが注目される

ホンネ翻訳

なんか言わなきゃいけないんだろうけど、たいしたこと言えないんだよ

2 希釈・還元型

希釈作用

大半の〈　　　〉はちゃんとしている

真面目な〈　　　〉がほとんど

（政治の腐敗は）選んだ国民の責任

われわれ一人一人が考えなければならない

還元作用

「大半はちゃんとしている」
～そしてチャラにする

「マスメディアは第四の権力」という言葉についてもうちょっと考えてみる。すでに忘れているかもしれないが、今度は前項の、

2「三権とは別の、新たな（国民に対する）権力」

政府
マスメディア
｝↓×↑国民

……についてだ。

マスメディアの代表である新聞社・出版社にせよ放送局にせよ、どんなに巨大になろうとしょせんは民間企業だ（公共放送もあるが）。ここで、「ネットもあるぞ。今はこっちのほうがメディアとして大きくないか？」という声が聞こえてくるのはわかっている。そう思うところもあるが、これについては別口で考える。ここは、いわゆるオールドメディアと呼ばれるものについての話だ。

政府と違って、民間企業には国民を強制的に従わせる法的根拠がない。税金を払わない

と制裁をくらうが、新聞をとらなくても怒られはしない。テレビを見ようと見まいと、そんなのは勝手だ。

民間企業は、まず経営していかなくてはならない。新聞は読む人が減ると購読料収入が減る。広告料収入も減る。テレビ・ラジオは、誰も見ない・聞かないとスポンサーが降りて収入が減る。文春砲《ぶんしゅんほう》がいくら人気でも、ずっとネットでタダ見され続けたらやがて次の砲が撃てなくなる。

メディアは、取材も調査も執筆も撮影も収録も人が行う。印刷も放送も営業も人が行う。それらの「人」はカスミを食って生きているわけではない。人件費がかかる。設備投資も、機材購入も、移動も宿泊も、お金がかかる。それらのお金は民間企業の場合は売上からくるわけだから、経営が苦しくなると制限される。制限されればあらたな取材ができなくなる。結局どのメディア企業も、そうやって売り上げ減と取材減の縮小サイクルに陥り、最終的には倒産の危機を迎える。

そこへいくと、政府はほぼ無《む》尽蔵《じんぞう》にお金を使い（**もちろんもとはわれわれの税金**）、人を使える（**その人件費も同**）。メディアが批判しようとやりたいことは強行できるし、一方で補助金や広告費など（**同**）でメディアを手なずけることもできる。長期的に見れば、圧倒的に官のほうが有利なのだ。ああ、「人民は弱し、官吏《かんり》は強し」。

もうこの時点で、そもそも強制力を持たない民間は権力になれっこないじゃないか……とも思うのだが、もう少し続けて考えてみる。

政府は国民を従わせる力を持っているのだから、気に入らないメディアがあれば従わせるルールを作ればいい。簡単なことだ。そこに魅力を感じない権力者がいるのだろうか？しかし、魅力は感じてもふつうは抑制する。「人としてどうなのか？」と殊勝に思うからか？　いや実は、評判が悪くなるのがイヤだからだ。いやいや、本当の評判なんかどうでもいい。それによって自分が権力の座から引きずり降ろされる危険性を感じるからだ。だから**切羽詰《せっぱつ》まると（＝自分の座があやうくなりそうだと）手を出す。言論統制だ。**

近代日本の場合、古くは明治の「新聞紙条例」（発行を許可制にし、政府批判を禁じた）がある。太平洋戦争時は「新聞事業令」（新聞社を統合し、報道内容を統制した）。この時は併せて、新聞用紙の配給割り当てでメディアを選別した。新聞は紙がなければ発行できない。うまい手を考えたものだ。戦後もＧＨＱが同様の用紙配給によってメディアの選別を行っている。これはつまり、政府が……、軍部が……、ＧＨＱが……ということではなく、誰であれ権力を持つ側は色々な手法でメディアの選別ができるということ。ごく近いところでは二〇二一年、中国で、香港の「蘋果日報《ひんか》」（リンゴ日報）」廃刊もあった。

では戦時中、日本の新聞はさんざんな目にあったのか？　いや、ところが「戦争は新聞を肥《ふと》らせる」という言葉があるのだ。かつて日露戦争の時、各紙は軒並み発行部数を急増させた「成功体験」を持っていた。戦争に限らず、スポーツだって、スキャンダルだって、熱狂を伝えるメディアはビジネスになる。メディアは民間企業なのだ。加えて太平洋戦争時は、統制に協力すれば各社間の販売競争費用がなくなるというメリットもあった。「(戦時下の)新聞は儲《もう》かったのか損をしたのかというと、儲かったというのが一応の常識である」とある(「日本新聞報」一九四六年一月二十四日／山根真治郎《やまねしんじろう》「新聞は戦争で儲けたか」)。熱狂を伝えるメディアはビジネスになる――は、現代では放送のほうが実感としてわかる。なんだかんだ言っても、ビッグニュースがある時はテレビ、見ちゃうもんなあ。

放送局は免許事業だ。テレビ・ラジオの地上波局は五年に一回、免許を更新しなければならない。そのたびに審査があるわけだが、そこで何かイチャモンがつき再交付をしてもらえなければ、事業としてアウトだ。

政府は日頃から批判的な報道番組をチェックし、陰《いん》に陽《よう》に圧力をかける。「あの番組ではあんなふうに言いましたよね」と内容の確認をする。それ以上のことは言わない(言えない)が、脅しというのはそういうものだ。その上で、電波を管理する総務省の大臣が**「放送法違反の場合は電波停止を命令するかも」という原則論を、(おそらくわざと)口を滑らせるだけ**で、各放送局はビビるのだ。

つまりは、

「メディアが(世間が)なんと言おうと、〈　　〉をやると言ったらやるんだ!」

ということ。

〈　〉の所にはオリンピックや万博《ばんぱく》や、消費税、再稼働、埋め立て、任命拒否、国葬、マイナンバーカード、インボイス制度、そして戦争を入れることだってできるだろう。もちろん、「やらない」の場合もある。専門家の見解や科学的なデータや民意なんて関係ない。いや、ひょっとしたら〈　〉に入るものはなんだっていいのかもしれない。**多くの民意を押し切って強行した時ほど、権力者というものは自らの万能感に陶酔を覚える**のではないだろうか？　そしておそらく、陶酔はすぐに麻痺《まひ》するから同じ刺激では飽き足らない。より大きな万能感を与えてくれるものへとエスカレートしていく。それはきっと、「オレに逆らうやつは許さん。全権力はオレ様にあるのだ」という王様や殿様の感覚と同じだ。肩書が首相、大統領、国家主席、総書記であろうとも。

一方で、「政権に協力するならメリットがあるぞ」という甘い囁《ささや》きも行う。利益誘導。何度も言うが、メディアは民間企業なのだ。まさにアメとムチ。アメほしさに尻尾《しっぽ》を振って寄ってくる相手を見下《みくだ》すことで、権力者はまたもや万能感と陶酔感を覚えるのではないか？

ところがこれは、「いえ、ウチは他で十分稼げますから」というメディアには効かない。つまりこのアメは、世の中が不景気なほうがよく効くのだ。そうか！　失われた三十年の経済停滞とマスメディアの弱体化は、実は表裏一体《ひょうりいったい》。大きな陰謀によって仕組まれていたのか!!!……と、「権力」を語り始めるとついこんなふうになってしまう。やはり構えの大きな言葉には魔力があるようだ。その魔力は当事者にも、批判する側にも宿るのだ。

大臣などが記者会見をしているテレビ中継を見ると、メディア各社の記者がいっせいにノートPCのキーボードをたたく音がする。最初は「なんだこの雑音？」「機材トラブルでもおきたのか？」と感じた。しかし、記者たちがおそろしい勢いでたたいているキーボードの音が重なって滝の音みたいになっているのだとわかると、「この人たち、タイピングコンテストでもやっているのか？」と不思議に思った。

あれはなんのためにやっているのだろうか？

「大臣の発言を一刻も早く記事化するために決まっているではないか！」と怒られるのだろう。でも、そんなに即時テキスト化する必要があるのか？　一分一秒を争うという要素なら、生中継されることで満足している。テキスト化は少し遅れたっていい。

マイクの前には各社のボイスレコーダーがどっさり置かれているし、テレビ各社あるいはネット中継のビデオカメラも入っている。あとから文字おこししたほうが、（聞き取りにくいところは何度も聞けるから）正確に決まっている。

最近は音声認識文字おこしアプリもかなり精度が上がっている。それを使う手だってあるだろう（こう書くとおそらく「アプリではミスがあるからそのままでは使えない。人の手でチェックしなければならないのです」というしたり顔のコメントが来るだろう。しかし、その場で人がタイピングしている場合だってミスはある。やっぱり、あとでチェックすると思うけどなあ）。「いや、とにかくどうしても同時進行でタイピングしたいのだ！」というのなら、別室でタイプの得意な人がやればいいのだ。だって記者会見の場に出席しているのは**記者であって、タイプスピード自慢の人たちを揃《そろ》えたわけではない**だろう。

記者会見取材というのは、記者に質問されて答弁者が言いよどんだり、一瞬目が泳いだり、むっとしたり、あるいは逆に異常に饒舌《じょうぜつ》にしゃべったり、冗談でごまかそうとしたり……というところにほころびを見つける作業だ。一対一なら丸め込まれることもあるだろうが、質問者はもちろん他の多くの記者たちも見ているという圧の中だと、答弁のほころびが生じやすい。それはもちろん、面と向かってやりとりする緊張感から生まれるのだ。

すると質問者は、さらなる質問でそこを詰める。あるいは、前の質問者とのやりとりで垣間見《かいまみ》えたほころびを次の質問者が広げる。

ここで逆に、答弁をする大臣側になって考えてみよう。まず「更問《さらと》い（答えを受けて記者が更に質問すること）」を禁止する。理由は、時間がないとか、より多くの質問に答えるためとか、あるいは慣例とか、なんだっていい。**どうせ正当性はない**のだ。

もしほころびを見せた時、そこから傷口を広げたくない。その上で、答えにくい質問には事情を悟られないようにうまくごまかして答えたい（つまり、言いよどんだり、目が泳いだりするのを見られたくない）。ところが、何かしゃべりはじめると、記者たちはいっせいにノートPCを見てパチパチとキーボード打ち込み作業に入ってくれるのだ。こっちの顔なんか見ない。答弁者としたら、こんなに楽チンなことはないのではないか？

ではもう一度、記者たちはなんのためにキーボードをたたいているのだろうか？

「指を忙しく動かしてわざと音をたてることで、**仕事してますアピールをしている**」のではないか？

緊張感のある記者会見は、もちろん答弁者にはプレッシャーだろうが、記者側にだってプレッシャーなのだ。できればナアナアで、プレッシャーから解放されたい。しかし、国民には緊張感のある記者会見だと思われたい。あのPCキーボード音パチパチ会見は、両者にとってWin-Winなのかもしれない。

こうしてみると、記者会見の席で時に見る記者の腰の引けた質問や、まともに答えない答弁者の傲慢《ごうまん》さ、あるいは質問させない圧力、そして政権の批判をしているようで実は広報のような記事や放送なども、納得がいく。

「ジャーナリズムとは報じられたくないことを報じることだ。それ以外のものは広報に過ぎない」という有名な言葉を思い出す（一般的にジョージ・オーウェルの言葉と言われているが、どうも出所不明のようだ）。

「例外」を「一般化」に錯覚させる【希釈作用】フレーズ

「大半の〈　〉はちゃんとしている」
「真面目《まじめ》な〈　〉がほとんど」

たいていの場合、〈　〉の中には官僚、役人、公務員などが入る。彼らの不正や不祥事を伝える報道の時だ。伝える内容に合わせて、警官、教師、医者なども入る。政治家も（たまにではあるが）入る。他に、大学生、芸能人など、なんだって入る。

そんなのあたり前だ。真面目でちゃんとしている大勢の人たちの中で少数の悪事があったから問題になり、ニュースになっているのだ。それをもって「役人はみんな役立たずだ。政治家は全員無能。大学生はすべてボンクラ、医者は……」とは誰も思っていない。なのに、

「ほとんどの人たちは真面目でちゃんとしている」

「現場はみんなキチンと仕事をしている」

なんてことを言われると、そりゃそうなんだけど……とやや白《しら》ける。メディアとしての理性を示すために言ったことで、その内容は正しいのだが、これでは議論が振り出しに戻ってしまう。なんだか、**一滴の劇薬を大きなプールの中で薄めてしまえば全体としては何もなかったことになってしまう**ようだ。

責任追及先を曖昧にしてしまう【還元作用】フレーズ

「（政治の腐敗は）選んだ国民の責任」

「われわれ一人一人が考えなければならない」

何か政治家の問題を糾弾《きゅうだん》した最後に、結局は……と選んだ自分たちに原因を持ってくる。これまた、そりゃそうなんだけど……と思う。あげくに「国民は自らのレベルに応じた政治（家）しか持ちえない」などと、どこかの金言・名言集にありそうな言葉で締めくくったりもする。

これまたメディアとしての理性を示すために言ったことで、その内容は正しいのだが、

やはり議論が振り出しに戻ってしまう。「結局は私たち一人一人の問題です。さあ、あなたも自分の胸に手を当てて」では、なんだか**宗教家に説教されているようだ。**

＊

「希釈型」「還元型」、どちらも言っていることは正しいのだ。そこに異論はない。しかしそうなると結果的に、問題の所在がわからなくなってしまう。はて、これは誰が悪いのか、どこに問題があるのか、それはどうやって改善していけばいいのか？

公正な監視と批判を行うため、メディアとしてバランスをとったことでそうなってしまう——と思うのだが、ひょっとしたらそうするとうやむやになることも織り込み済みで言っているのではないか？　と勘繰《かんぐ》ってもしまう。

第四の権力と呼ばれるマスメディアは、いつも「三権を監視する外からの権力」と、「三権に協力するもう一つの権力」の間で揺れているのではないだろうか。

ここまで書いてきて、お前だってネチネチ、ゴチャゴチャと政治家や官僚やメスメディアの言葉尻《じり》をつかまえて何かシニカルを気取ってるだけではないのか？　という気持ちが、私にもある。他人のことを批判しているつもりで、気がつくとそれは自分のことの場合もあるのだ。恥ずかしいやら、情けないやら。

すると、この批判は私のことでもあるなあ……とやはり還元型になってしまう。

でも、人とはそういうものだよな……とさらに希釈型にもなってしまう。

そしてこれもまた、バランスをとったつもりで書き加えているのだ。自分でも、潔《いさぎよ》くないなあと思いつつ。

国会周辺話法

大半の〈　〉はちゃんとしている

真面目な〈　〉がほとんど

↓

ホンネ翻訳

私は視野が広いでしょ？

国会周辺話法

（政治の腐敗は）選んだ国民の責任

われわれ一人一人が考えなければならない

↓

ホンネ翻訳

私は自分を客観視できてるでしょ？

3 私はわかっている型

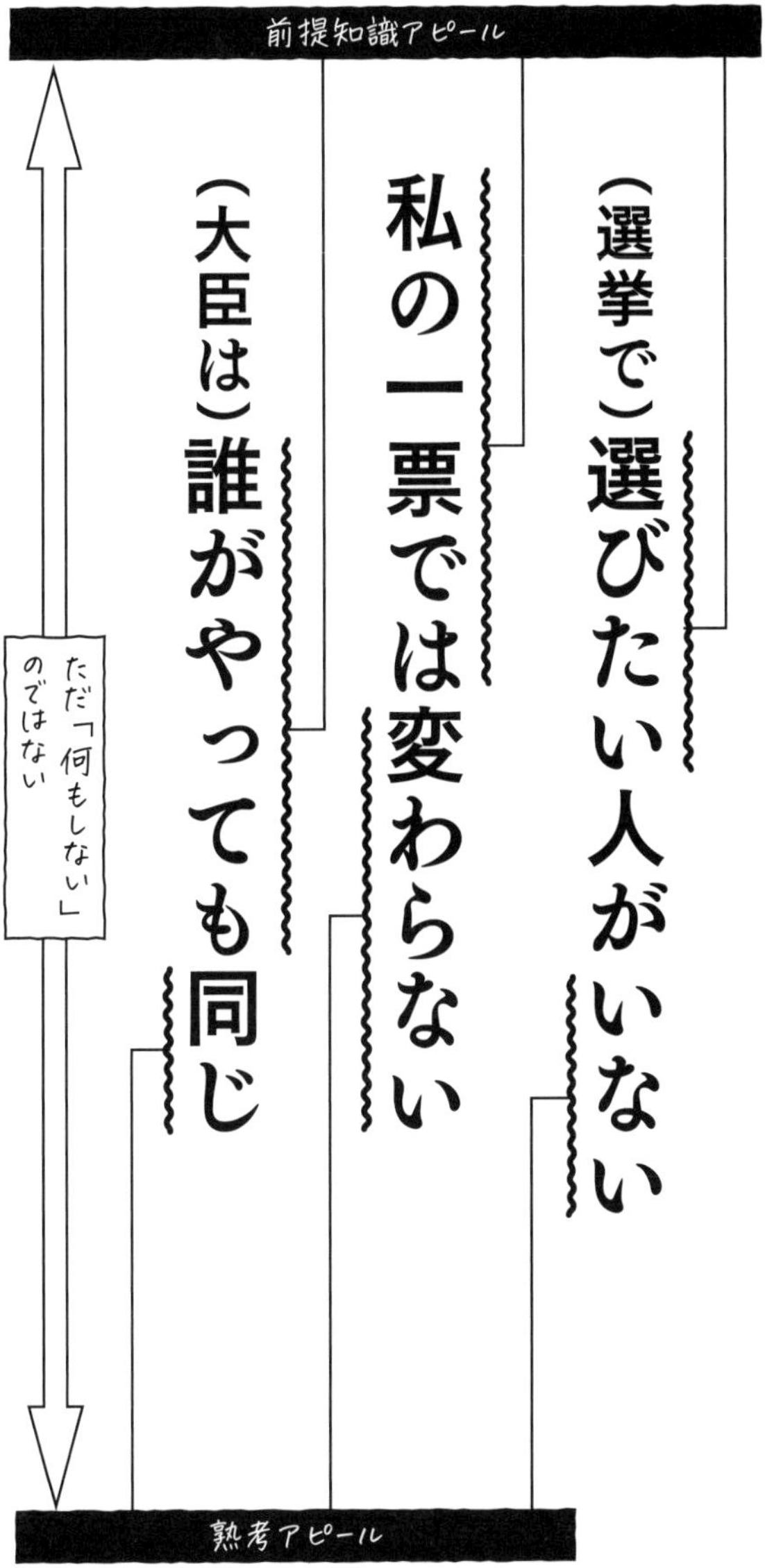
前提知識アピール
（選挙で）選びたい人がいない
私の一票では変わらない
（大臣は）誰がやっても同じ
ただ「何もしない」のではない
熟考アピール

「選びたい人がいない」
～何もしない理由がほしい

マズローの「欲求五段階説」というのがある。企業セミナーや自己啓発本ではおなじみのピラミッド図なので、見たことがある方も多いだろう。今さら言わずもがなだろうが、簡単におさらいしておく。

人間の欲求には段階があって、だんだん高次を求めるようになるという説だ。

＊

「生理的欲求」生きていくための本能的な欲求。食べたい、眠りたい、オシッコしたいなど。

「安全欲求」安全な環境で、経済的にも安定したい、健康でいたい。

「社会的欲求／所属と愛の欲求」家族や集団の中に所属していたい。孤独や無縁状態はイヤだ。

「承認欲求」集団から自分が必要ある存在だと認められたい。

「自己実現欲求」以上四つが満たされた上で、自分の能力を発揮して、あるべき自分になりたい。

マズローの欲求五段階説

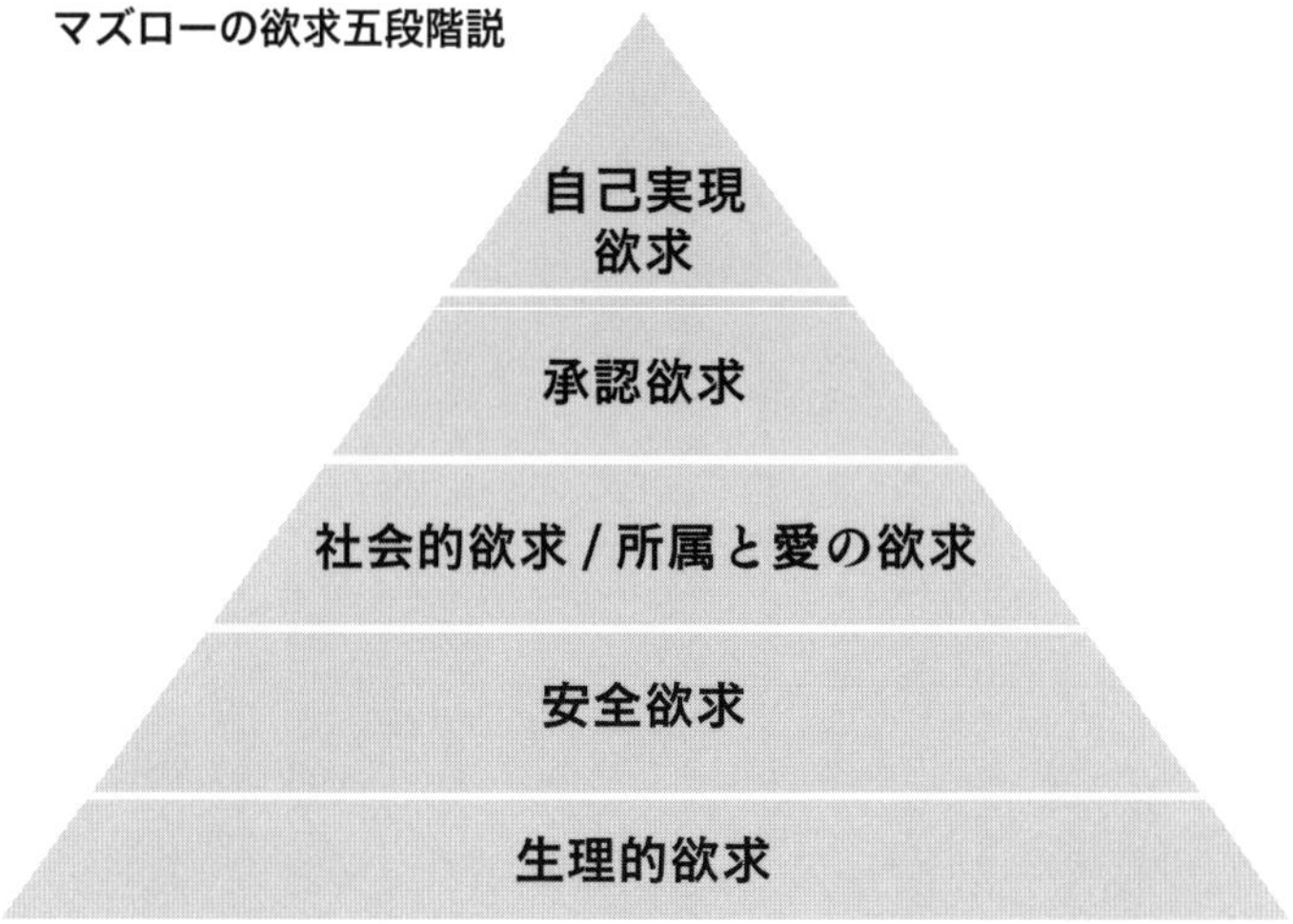

＊

なるほど、説得力がある。まことに立派だ。なんでも、「人間は自己実現に向かって絶えず成長する」と仮定した上での説だという。

それはその通りかもしれないが一方で、「人間にはなるべく楽をしたい、サボリたいという怠惰《たいだ》な一面もある」と思うのだ。成長するために新しいことを始めるのは大変だし、面倒くさい。今がなんとかなってるなら、それでいいじゃないか。前例踏襲、現状維持、何もしないためなら何でもする、「できない」ための理屈ならいくらでも浮かんでくる。

「マズローの欲求五段階説」を参考にして、「サボローの逃避五段階説」というのを考えてみた。

＊

「働きたくない」基本はこれ。人に使われるのはイヤだ。お客に頭を下げるのもイヤだ。毎日会社に行くのも面倒くさい。ああ、日々ゴロゴロしててお金が入ってこないかなあ。

「知りたくない／学びたくない」そうもいかないからしかたなく働くのだが、そうすると世の中のさまざまな問題点や矛盾が見えてくる。ああ、知らなければよかった。

「考えたくない」問題点が目の前にあれば、どう対処するか考えなければならない。難しい。ああ、知らなければ考えずに済んだのに。

「(自分では)変えたくない」周囲の環境・世の中が変わらなければよくならないのだろう。だが、自分でやるのはイヤだ。ああ、誰かが変えてくれないかなあ。

「(自分が)変わりたくない」そんな自分が変わらなければならないのだろうが、それが一番面倒くさい。何もしないのが一番楽。ああ、日々ゴロゴロしててお金が入ってこないかなあ。↓振り出しに戻る。

＊

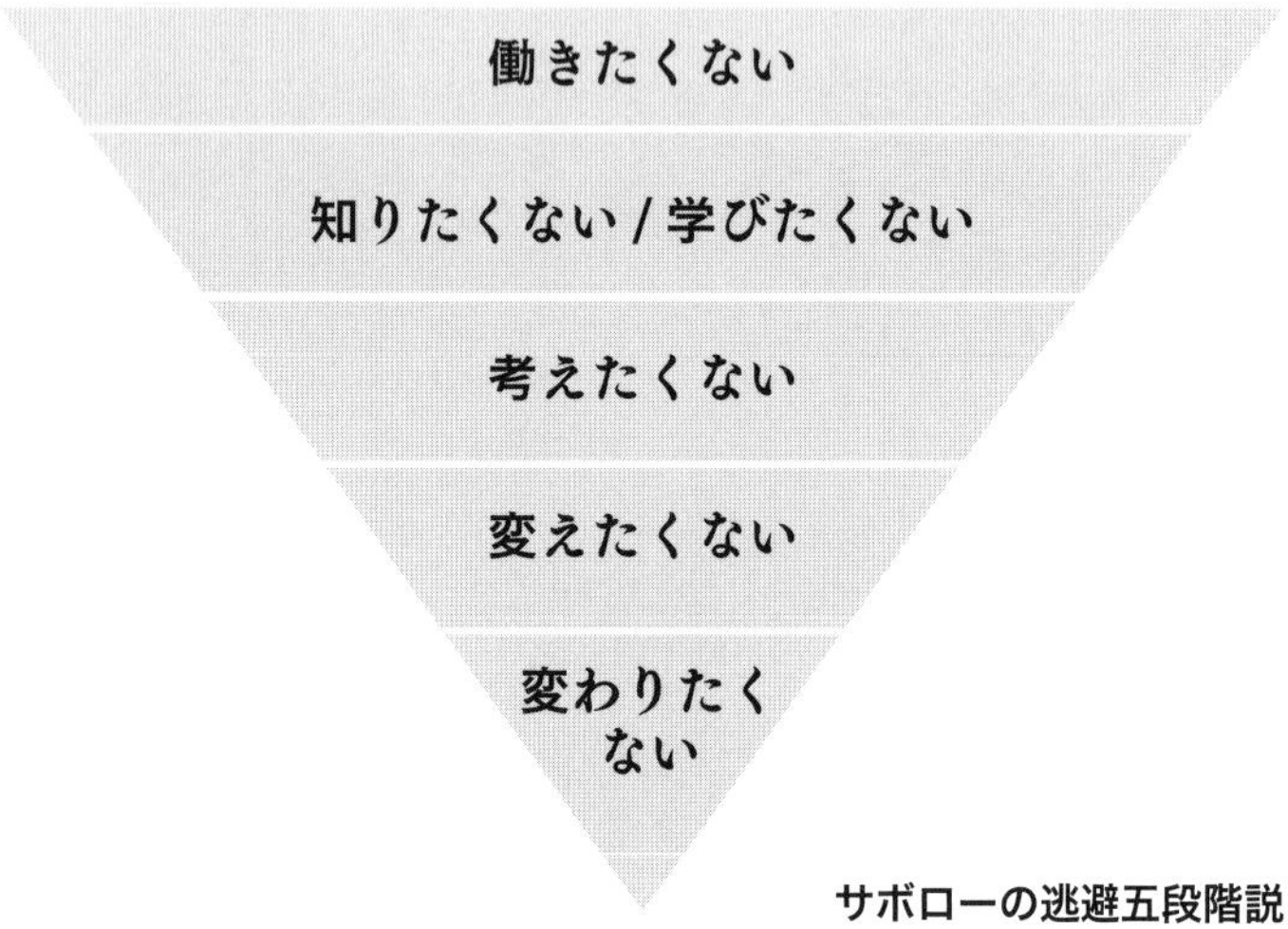

サボローの逃避五段階説

まるで鏡で自分を見ているようだから、すらすら書けてしまった。情けない。人は、そんなに立派にできていないのだ。できるなら、面倒なことはしたくない、難しいことは考えたくない。新しいことは好きだが、チャレンジはしたくない。しかし、心の中でそれはマズイと気づいてはいる。そこで私たちは、何もしないことの言い訳やもっともらしい理由を考える。

いや、そうだろうか。実は**誰かが用意した言い訳を、さも自分の考えであるかのように思っている**のではないか？

【前提知識＋熟考アピール】の3フレーズ

日本は国政選挙の投票率が低いことが、ずっと問題となっている。

衆議院選挙では、平成のはじめくらいまで常に67％～76％台を推移していたが、一九九六年（平成八）に急下降をはじめる。二〇〇五年の「郵政選挙」、二〇〇九年の「政権交代」時に一時投票率が上がったが、その後また下降。二〇一四年の52・66％を底にやや持ち直しているとはいえ、二〇二一年で55・93％。ようやく55％を越えた程度だ。

参議院選挙の投票率はもっと低く、ここ三十年60％を超えたことがない。一九九五年、二〇一九年は50％を割っている。二〇二二年はやや持ち直したとはいえ、52・05％だ。

数字が並んだので飛ばし読みをしている方も多いだろう。ざっくり言うと「国民の約半分が選挙で投票をしていない」ということだ。

ここから、たいていは「とくに若者の投票率が低い」という話になるのだが、そういう展開に持っていくのは国民にとってあまりメリットがないと思う。若者側は「お前たちがダメなんだ」と説教されているように感じて、いい気持ちはしないだろう。反発して、「世の中は老人に有利にできている」「勝ち逃げ世代はいいよな」と思う。すると、**かえって「若者VS老人の対立構造」を助長する**ことになるのだ。実はもともとさして対立感情がなかったとしても、こう言われると対立が生まれる。

やたらと連発される「若者の車離れ」「若者のテレビ離れ」「若者の恋愛離れ」……なども同じだ。しょっちゅうそう言われると若者側だって、「おーし、上等だ。離れてやるよ」と開き直りたくもなるだろう。

意地悪い見方をすれば、こういうのは結果的に分断統治の手伝いになっているのではないか？　若者VS老人、東京VS地方、男VS女、正社員VS派遣、さらに、イヤな言い方だが上級国民・富裕層・勝ち組VS氷河期世代・負け組……。人々を分断して、仲たがいさせることで得をするのは、無策な為政者だ。

それより前に、投票しやすくなる時間帯や場所や方法の拡充とか、事前報道の仕方とか、工夫できることはもっとある。

開票作業で、大勢判明までの開票時間を競い合うことにもあまり意味があるとは思えない。投票終了から開票作業までにあまり時間を置くと不正が生じる可能性もある。だからすぐに作業に入るのはいいのだが、一分一秒を争う必要はない。夜九時に判明しようと、十一時だろうと、それによって世の中が動くのは翌朝からではないか。

選挙特番で開票直後に「当確」が出るのも興ざめだ。あれは「メディアには情勢を速く伝える使命がある」というタテマエではあるが、ホンネは「ウチは、他社よりも速く情報を収集し、分析し、当確を打つことができる」とアピールしたいんだと思う。むしろ番組作りの王道で考えると、「この先どうなるかわからない」という興味で引っ張っていくほうが視聴率を稼げるのだ。番組開始早々に「当確打ち合戦」をしているのは、逆効果ではないか（もう一つ意地悪い見方をすれば、「どうせ大勢は決まっている。投票しても無駄」と結果的に投票する気を失《な》くす手伝いになっていないか）？

では、なぜ有権者の約半数が選挙に行かないのか？　その理由が用意されている。

1「（選挙で）選びたい人がいない」

「どの候補もイマイチだ」「入れたいと思う人がいない」「私の選挙区には選びたい人がいない」……など、選挙に行かなかった理由を聞くと、だいたいこんなことを語る。

たしかに納得する。おそらく多くの方がそう感じているのではないだろうか。しかし、こう語ることができるのは、いくつかの前提条件をクリアしているからだろう。まず、①選挙に関心はある（行くべきだと思っている）。②誰が立候補しているか知っている。③それぞれが訴える政策、政党の特色を知っている……といった前提がないと「イマイチだ」とは言えない。その上で、④立候補者を比べた上で選びたい人がいない……なのだな。そして、⑤だから今回は（も？）投票しなかった、とつながるのだな。

①〜③までが「私には関心と前提知識があります」ということを言っている。そして④⑤で「熟考した上で投票しなかった」と言っているのだ。構造はこうだ。

【前提知識アピール】↓【熟考アピール】

①〜③　　↓　④⑤

選びたい人　↓　いない

つまり、「何も考えずに投票しなかったわけではなく、ちゃんと考えた上で投票しなかったのだ」とアピールしたいわけだ。しかし「この候補の訴えは私の考えにピッタリだ。ぜひこの人に一票入れたい！」なんてことがあるのだろうか？　もちろん後援会に入っている人や熱心な支持者はそうかもしれないが（あと、候補が当選すると自分に金銭的メリットがある人も……あ、これは一部重なっているのか？）。

ここまでネチネチと、「君たち、ちゃんと勉強してから投票しなさい」と言っているのではない。私も選挙のたびに候補者を比べるのだが、正直言ってよくわからない。わからないなりに悩んで、消去法で「比較的ましだと思われるこの人に入れておくか」とやってきた。多くの方がそうではないだろうか。選挙とはそういうものだ。完全に自分の考えにピタリと一致する候補者がほしければ、自分が立候補するしかない。だがそうでなければ、厳しい目で「票を入れたいと思う人」が立候補するのを待っていたって、たぶん**白馬《はくば》の王子なんか現れない**のだ。

まれに「誰が立候補してるか知らない」と正直に言う人もいるし、なかには「え！　選挙があったんですか？」と、とんでもないことを言う人もいる。まあ、言い訳を考えずに潔《いさぎよ》いといえるのかもしれないが、社会人としてどうなんだろう？

2「私の一票では変わらない」

これも同じ構造だ。①選挙に関心はある（行くべきだと思っている）。②現状を変えたいと思う。③しかしすでに選挙の趨勢《すうせい》は決まっている。④自分が一票を投じた程度では変わらないだろう。⑤だから今回は（も？）投票しなかった、とつながる。

【前提知識アピール】↓【熟考アピール】
①〜③　↓　④⑤
一票では　↓　変わらない

民主主義というのは文字通り「民（人民・国民・民衆）」が「主（主権を持つ）」だから、私たち一人一人の一票が集まってものごとが決まる。しかし自分は、一億二千五百万分の一（有権者数だと一億五百万分の一）でしかないのだ。もっとも有権者数が少ない衆議院小選挙区でも、二十三万分の一だ。

『スイミー』という絵本をご存知の方も多いだろう。小魚が集まって大魚のように見えるあれだ。自分の一票は、あのスイミーの背中のほうの目立たない一か所にポツンとある点のように思えて無力感がある。その気持ちはよくわかる。

そんなとき私は、最初は金持ちの男しか選挙権がなかったんだよなあ（一八九〇年・年齢満二十五歳以上の男性で納税額十五円以上・当時の人口の1％）……と思うことにしている。ほとんどの人がスイミーに参加することもできなかったのだ。納税額は徐々に引き下げられ、やがて撤廃されたけどまだ男だけ。一九二八年の、はじめての男子普通選挙である衆議院総選挙では「投票スレバ明《アカル》クナリ、棄権スレバ暗クナル」といったポスターを作って投票を呼びかけた。この時の投票率は80・３６％。

女性の選挙権はようやく戦後になってからだ。一九四六年の、はじめての男女普通選挙である衆議院総選挙の投票率は72・０８％。

こういった歴史だって、黙ってて転がり込んできたわけじゃないだろう。**せっかく大きな魚影が作れるようになったんだから、参加しないのはもったいない。**

3「（大臣は）誰がやっても同じ」
選挙と違って、大臣の選出に私たちは関われない。しかしこの発言も構造は同じだ。①各省が何をする所か知っている。②大臣になった政治家の能力も知っている。③各省の官僚が手強いことも知っている。④彼の（彼女の）能力ではたいしたことはできないだろう。⑤だから内閣の顔ぶれ（政治）に関心がない、とつながる。

【前提知識アピール】↓【熟考アピール】
①〜④　　↓⑤
誰がやっても　↓同じ

＊

これは、「どの政党が政権をとっても同じ」という発言の場合も同様だ。

たまに、「今の政治にノーを突き付けるため、棄権（あるいは白票）という形で意思表示した」と得意げに言う人もいる。

言うまでもなく、棄権は単に投票率が下がるだけ。白票は投票率は上がるが無効票が増えるだけ。どちらも、組織票を持っている既存勢力に有利にはたらく。かつて「無党派層が（選挙に）関心がないと言って寝ててくれたらいいが、そうもいかない」とうっかり本音を語ってしまった総理もいたほどだ。現状維持をしたいのならそれでいいが、「ノーを突き付けたい」のなら、まったく逆のことをしている。

何もしないことへの言い訳だとしたら「棄権してやったぜ」より、「選びたい人がない」「私の一票では変わらない」のほうがまだかわいいと思う（いやもちろん、投票するほうがいいのだが)。

もう一度まとめると、

「選びたい人がいない」

「私の一票では変わらない」

「誰がやっても同じ」

「棄権（白票）で意思表示」

……などはすべて、**選挙に行かない人のために、あらかじめ用意されている見栄えのいい言い訳**だったのだ。人は弱い生き物だ。やるべきことをしなかった時、あるいは自分でも悪いとわかっている何かをする時、もっともらしい理由があれば少しは良心の呵責《かしゃく》に耐えられる。たとえそれが手《て》垢《あか》のついたものでも。

もう一歩踏み込んで意地悪い見方をすれば、「ちょっと賢そうに見えるいい理由でしょ？さあどうぞ使ってください」と差し出してくる人は、「（選挙で）寝ててくれたらいい」と言っている人と思惑は同じだ。そんな手にうかうかと乗せられてしまっていいのか？

……とここまで書いてきて今さらだが、まったく違う理由の可能性に気づいた！

投票していない後ろめたさの言い訳として、人は「ある程度わかっていて、考えた上での……」というポーズをとりたいのだと推測してきた。これは大前提に「知らないこと、わからないことは恥ずかしい」がある。

しかし世の中には、

「知らないし、わかるつもりもないけど、何か？」

という人たちもいるのだ。急いで付け加えると、知らないことはしかたない。どんな分野だって初心者はそうだ。それに、森羅万象《しんらばんしょう》を知っている人なんて存在しない。

だから前段の「知らないし、わからないし」は理解できる。知らないから知ろうとする、わからないからわかろうとする——が普通ではないか？　私もそうだ。足りない頭でウ〜ン……なんて考えてみる（そもそも、ここに書いていること自体がそうなのだ）。もちろん完全にわかることなんかできっこないんだが、少しは前進したいではないか。

だがその作業は面倒くさい。なので、知っているフリをしたカッコつけが【前提知識アピール】→【熟考アピール】だ。

ところが、まさかの後段「わかるつもりもないけど、何か？」という手があったとは！

その大前提は「知識はなくてもいい」だ。むしろ「知っているとカッコ悪い」であり、その裏側は「知らないほうがカッコいい」だ。さらに進むと「あえて知ろうとしない」、そして「知識があることをバカにする、あるいは憎む」となる。これは、今はやりの「反知性主義」なのか？

もっとも、「反知性主義」という考えは、もともとはアメリカのキリスト教伝道の歴史から生まれたようだ。町の支配階層にいる教会の牧師よりも、出自のあやしげな巡回説教師たちの話のほうが魅力的だということ。「神の前に万人は平等なんだから、大学を出た牧師であろうと誰であろうと同じだろ？」という素朴な感情だ。

それが一九六〇年代に、「反知性主義」という言葉になった。ということは、「反エリート主義」と訳したほうがしっくり来るんじゃないかと思う。共感もする。しかし「反知性主義」という訳語になったことで「反・知性主義」ではなく、「反知性・主義」みたいになる。知性に反抗する……どころか拒否し、なんなら憎悪することに何か意義があり、お墨付《すみつ》きが与えられたように見えてしまった。だったら、投票しない理由は、

「政治はダサイ」「政治に興味ない」→「投票なんてしない」

でいいのだ。あれこれと言い訳を用意しなくてもいい。楽チンだ。

ダチョウは危機を感じた時、砂の中に頭だけを突っ込み、隠れたつもりで安心するという。**イヤな物・都合の悪い事は、見なければ・知らなければ、なかったことになり、心配せずにすむ**。これに似ていないか？「サボローの逃避五段階説」も、まんざらデタラメではない気がしてきた。

国会周辺話法

（選挙で）選びたい人がいない
私の一票では変わらない
（大臣は）誰がやっても同じ

↓

ホンネ翻訳

色々考えた上で投票していない、
ことにしたい

4 錯覚型

○○に政治を持ち込むな

「食い合わせ」錯覚

「タブー語」錯覚

「政治を持ち込むな」
～食い合わせとの共通点

昔から「食い合わせ」という言葉がある。一緒に食べると体によくないと言われている食べ物の組み合わせだ。

「鰻《うなぎ》と梅干」「天ぷらとスイカ」……このへんはよく聞くレベル。

「天ぷらと氷水」「カニと柿」「ドジョウと山芋」……になると、聞いたことあるような気がするレベル。

「蕎麦《そば》とタニシ」「蛸《たこ》とワラビ」「筍《たけのこ》と黒砂糖」……このへん、私は初耳だし、なじみのない食材もあるのでピンと来ない。実際に言われているのかどうかわからないレベル。でもそう言われると、いちおう避けておいたほうがいいのかなと思ってしまうのが、われながら情けない。

しかしたいていのケースで科学的根拠はなく、「ただの迷信です」とか、「食べ過ぎるとよくないということ」「氷水はお腹が冷えるから」「この食材は傷《いた》みやすいから」などと、当たり前の解釈が書いてある。なかには「贅沢《ぜいたく》を戒《いまし》める意味で」というものもあったりする。

ネットの時代はこの手のネタ（とあえて言う）を書き込むのが簡単で、しかもほとんどに「迷信です」とか「食べ過ぎはよくない」と書いておけばいい。だから、どんどん増えている。今ざっと調べると、こういうのもあった。

「焼き魚と漬物」「シラスと大根」「紅茶とレモン」……以前から普通に食べているものばかりだ。大根は消化にいいんじゃなかったのか？　レモンティーの立場はどうなる？　よく読むと添加物や防腐剤のことを言っているケースも多い。そんなの、食材にとっては濡《ぬ》れ衣《ぎぬ》ではないか！

どうやら、組み合わせはなんでもよさそうだ。そして、たいして根拠はない。洗剤や漂白剤にある「混ぜるな危険」とは違うのだ。

察するに、世間の常識にあえて正反対のことを唱えて注目させ、クリックして読んでみると実は否定していない……というPV（ページビュー）稼ぎの手法ではないか。

【「食い合わせ」錯覚】――「普遍性」ではなく「個人の嗜好」

「〇〇に政治を持ち込むな」

というのは、「〇〇と政治」の食い合わせのことではないか？　試しに、〇〇の所に入る言葉で見てみよう。

①「音楽に政治を持ち込むな」

「お笑いに政治を持ち込むな」

「アートに政治を持ち込むな」

……これは「鰻と梅干」「天ぷらとスイカ」などと同じで、よく聞くレベル。

②「バラエティに政治を持ち込むな」
「アニメに政治を持ち込むな」

……これは「天ぷらと氷水」などと同じで、聞いたことあるような気がするレベル。

③「文楽に政治を持ち込むな」
「バレエに政治を持ち込むな」

……これは「蕎麦とタニシ」「蛸とワラビ」などと同じで、その分野になじみがないので実際に言われているのかどうかわからないレベル。

④「小説に政治を持ち込むな」
「演劇に政治を持ち込むな」

「映画に政治を持ち込むな」

……これは「焼き魚と漬物」「シラスと大根」などと同じで、以前から普通にある組み合わせなのに、あえて正反対のことを言うレベル。


こうやって並べてみると、○○に何を持ってきてもだいたい成立してしまうことに気づく。なんなら「国会に政治を持ち込むな」と言われても、うっかり「そうだ、そうだ」と言ってしまいそうだ。

食い合わせネタと、政治を持ち込むなネタ（再び、あえてネタと言う）**は構造が同じ**なのだ

と思う。ともに、

「そう言われると、一緒にするとよくないのかもしれない。いちおう避けておいたほうが無難かもしれない」

という錯覚によって成り立っている。

食い合わせの大半は、単なる迷信だったり、度を越すとよくないという常識的な理由だった。あるいは一部添加物の問題を、食材全体の問題であるかのようにすり替えていた。

では、「○○に政治を持ち込むな」の場合はどうなのか？

例によって、実は省略されているだろう文章を勝手に補ってみよう。最もよく言われる「音楽」の場合は……

音楽に政治を持ち込むな

←

〈オレの好きな〉音楽に〈オレの嫌いな〉政治を持ち込むな

……なのだと思う。ここではオレという言葉を使ったが、もちろん女性でも同じだ。

この場合の「政治」とは何か？

一つは、政権批判だろう。音楽の伝統からいって、たぶんこれが一番多い。プロテストソングや反戦歌。立場の弱い個人が強い権力に異議をとなえるには、歌は使いやすい手法だ。とてもわかりやすく書くと、「♪サイテー政府のロック」なんて曲を作った場合だ。すると、それに対して「持ち込むな！」と怒るのは当然政権擁護派、もしくは政権そのものだろう。

二つ目は、その政権擁護派が「♪大臣に捧げるバラード」なんて曲を作った場合だ。パロディやほめ殺しではなく、マジでのリスペクト・ソング、あるいはヨイショ・ソング。「そんな歌があるのか？」と思うかもしれないが、なに、軍歌というのはみんなそれだ。これに対しては逆に、批判派が「持ち込むな！」と怒る。これまた、当然だ。

いや、もう一つあるな。三つ目は、批判でも擁護でもなく、政治というジャンルそのものだ。きわめてフラットな立場で「♪三権分立の歌」というお勉強ソングみたいな曲があったとしよう（そんな歌に需要があるかどうかは問わない）。それに対して、政治は無粋《ぶすい》だと思う人、自分にはわからない難しいことを言ってると感じる人、あるいは歌手が政治を歌うなんて小賢《こざか》しいと感じる人が、「持ち込むな！」と怒るだろう。

いずれにせよ、「〈オレの嫌いな〉政治を持ち込むな」と言う人はいつも存在するということだ。

すると気づく。「音楽」「政治」という表に出た部分と、〈　　〉で補った心情の部分は、本音では優先順位が逆なのではないか？

つまり、

「音楽に政治を持ち込むな」

を丁寧に言うと、

「〈オレの好きな〉音楽に〈オレの嫌いな〉政治を持ち込むな」

であり、その本音は、

「オレの好きな〈音楽〉にオレの嫌いな〈政治〉を持ち込むな」

なのだ。

だから〈音楽〉の所に〈お笑い〉〈アニメ〉〈演劇〉など、何を入れても成立していたのだ。ということは、これは、

「オレの好きな〈○○〉にオレの嫌いな〈○○〉を持ち込むな」

の空欄に、たまたま音楽と政治が代入されているだけ。要するに、

「オレの好きなことにオレの嫌いなものを持ち込むな」

と言っているにすぎない。

出発点と結論を直接結んでみると、こうなる。

音楽に政治を持ち込むな

←

オレの好きなことにオレの嫌いなものを持ち込むな

一見、**普遍的なことを言っているように見えるが、実は個人的な好き嫌い**を言っていた

ようだ。音楽も、政治も、とんだトバッチリではないか。

いいや、オレの好き嫌いだけで言ってるんじゃない。みんながそう思っているから、それを代理してオレが言ってるんだ——という主張もあるだろう。その場合、「〈みんなが好きな〉音楽に〈みんなが嫌いな〉政治を持ち込むな」になる。これなら、たしかに普遍性がありそうだ。しかし子どもの頃、母親に「みんな持ってるから買ってってっていうけど、本当にみんな? みんなって誰と誰と誰?」と言われたことを思い出す方も多いのではないか? これはつまり、「〈みんなが好きな、とオレが思っている〉音楽に〈みんなが嫌いな、とオレが思っている〉政治を持ち込むな」

なわけで、結局あまり変わらない。

【「タブー語」錯覚】——その本質は「よけいなお世話」

ビジネス本やマナー本のたぐいにはよく、人と話す時の話題の選び方が載っている。「銀座のママが実践している」とか「トップ営業マンのノウハウ」なんていうアレだ。多くは、天気、趣味、旅行……といった無難な話題ジャンルの頭文字を並べて、コジツケで何か憶えやすいフレーズをひねりだしている。「木戸に立てかけし(季節・道楽・ニュース・旅・天気……)」とか、「適度に整理(テレビ・気候・道楽・ニュース……)」とか、「たちつてと(食べ物・地域・通勤・天気……)」とか、そういうの。

そしてたいてい、「政治・宗教・野球の話はタブーです」と出ている。どういうことか？　政治に関しては、「支援している政党や政策は人によってさまざまだからトラブルになりやすい」とある。宗教もそうで、「信仰する宗教は人さまざま」だ。この場合の野球はプロ野球のことだと思うが、やはり「応援する球団は人さまざま」が理由だという。

思想・信条は個人の自由。誰が何を信じ、何を好きになろうと、何を嫌いになろうと自由だ。まさに、人さまざま。宗教は、それをめぐって戦争がおこることすらあるのだから、たしかにデリケートな話題だ。だが、地上波テレビでプロ野球中継がだいぶ少なくなった現在、贔屓《ひいき》球団のことでそんなにもめる人がいるのだろうか？　ずいぶん昭和っぽい話ではないか。いまだにこの三つを一つに括《くく》っていることで、残念ながら考え方がアップデートされていないことを示してしまっている。

それに、考えてみれば**すべてのジャンルは「人さまざま」**だ。どのマナー本でも安全パイだと推奨されている天気や旅行や趣味だってそうではないか？　「今日はいいお天気ですね」はふつうの場合、晴天を指すだろうが、雨のほうがいい人だっている。暑い日が続いてくれたほうが儲《もう》かる商売だってあるし、寒いほうがいい商売だってある。北海道旅行が好きな人がいれば、沖縄が好きな人もいる。趣味など、とくにオタク的趣味だと、ちょっとした差異で大喧嘩《おおげんか》になりやすい。

銀座のママは「でしたら、そこには触れないようにやんわりと……」なんて言うのかもしれないが、それだったら「天気・旅行・趣味」も「政治・宗教・野球」でも同じ。つまり、**「人さまざま」はタブーの理由にならない**のだ。

ということは、トラブルがおこる原因は別にある。おそらく、

「オレの好きなことにオレの嫌いなものを持ち込むな」

がエスカレートして、

「オレが嫌いなものをお前が好きなのが許せない」

あるいは、

「オレの好きなことを、お前も好きになれ」

となってしまうからもめるのだ。

安全パイだとされる「天気・旅行・趣味」だって、もし「雨の日が好きなんて許せない。お前とは絶交だ」と怒ったり、「今後、旅行はオレが好きな沖縄にしか行ってはいけない」と強制する人がいたり、鉄道オタクが「E231系500番台のラストランなんだから、お前もオレと一緒に撮影に来い」と強要すれば、そりゃもめるだろう。

要するに、「政治・宗教・野球」というジャンルの問題ではないのだ。信じるもの・応援するものは人さまざまだが、その違いを攻撃しあったり、相手を全否定したり、時に強引な勧誘をするからトラブルになりやすいということ。ジャンルではなく、これは人間の問題なのだ。

とくに「政治・宗教」は何か高尚なこと・難しいこと・持ち重りがするもの……を扱っている気がするので、自信を持って攻撃・全否定・勧誘などをしがちということだろう

（この点で、野球は脱落する）。

そうか。ここまで、「〇〇に政治を持ち込むな」という言葉にモヤモヤしたものを感じ、その理由はなんだろう？　と、足りない頭で考えながら書き、書きながら考えてみて気がついた。一見説得力があるように思えるこのフレーズは、**「政治はタブー語」という錯覚**によって成り立っていたのだ。

するとここでたいてい、

「欧米では、政治はタブーではなく、みんな普通に話をする」

という例を持ち出す人がいる。が、わざわざ海外を引き合いに出すのは、「アメリカでは……、イギリスでは……」という形でマウンティングを行う、いわゆる「出羽守《でわのかみ》」になってしまう。

そんなことをしなくてもいい。だって政治というのは、

「〇〇党の××が……」

「国会の△△委員会で……」

「わが国の外交方針は……」

「□□省の通達によると……」

などの、永田町《ながたちょう》や霞《かすみ》が関《せき》でおきているなんだか難しげなことだけではない。それはごく狭義の政治にすぎない。私たちの日常に密接に関係する

「消費税って高くないか？」

「新型コロナ対策はどうなってる」
「あそこの道路は危険だ」
「保育園に入れない」
なども、みんなもとをたどれば政治に関わってくる。いわば広義の政治だ。「民の竈《かまど》は賑《にぎ》わっているか？」だ。みんな普通に語っているではないか。

日常に関わるという点では、天気も政治も同じ。いや、天気は人の力ではどうしようもできないが、政治は人の力でなんとかできる可能性があるのだから、むしろこっちのほうが日々の話題にする意義がありそうだ。

「○○に政治を持ち込むな」でもめる理由も、ここにありそうだ。お互いが同じ「政治」を語っているつもりで、実は違う「政治」を言い合っていたのではないか？

「持ち込むな」派の人の思う「政治」……支持政党や国会、外交など狭義の政治。
「持ち込んでいい」派の人の思う「政治」……景気や子育て環境など広義の政治。

そりゃ、かみあわない。もめるわけだ。

誰だってもめごとに巻き込まれたくはない。なにもわざわざそんな所に近づかなくてもいいではないか。意地悪な見方をすれば、あえて両者の思いが違うままにしておいたほうが議論がかみあわず、もめやすい↓**もめたほうがタブー語感が強まる**↓「政治」はタブー語だから触れるのが難しいと感じる↓政治についてはならないほうがいい↓政治のことは考えない・発言しないほうが無難……となる。

タブー視されると周囲の目が届かないので好都合だ、という人々もいるのではないか？政治に限らない。他人の目が届かない場所では、人はわがままに好き勝手なことができるものだから。

＊

時に親切めかして、

「人気商売である芸能人は、政治的な意見を言うとその反対意見のファンを失うかもしれないから、政治的発言を控えたほうがいいのではないですか？」

と言う人もいる。この場合の政治的発言とは、たいてい政権批判のことだ。ここまでの流れに反しているようだが、私はこれは一理あると思っている。ただし、前半だけだ。

芸能人に限らない。さまざまなアーティストや、作家、スポーツ選手など、不特定多数のファンに支えられる人はたしかに、発言によってその一部を失う可能性がある。これは政権批判だけでなく、政権擁護でも同じだ。右派・左派・中道、革新・保守……など政治的考え方には関係ない。何を言おうと反対意見の者は常に存在する、という単純な話だ。

とはいえ。だからといって後半の**「政治的発言を控えたほうがいいのではないですか？」**は、**余計なお世話**だと思う。そういうリスクを冒したくないと思う人は言われなくたって黙っているだろうし、そんなのに関係なく自分の考えを伝えたいと思う人は言う。どっちを選択するかは個人の判断だ。ことさら「芸能人は……」なんて大きな網をかけて、さも大局的見地からのように親切めかして言うのはなぜだろうか？

　この発言の裏に隠れている真意は、

「歌手はただ歌っていればいい。お笑い芸人は何かおもしろおかしいことを言っていればいい」

……ではないかと想像する。さらに深読みすれば、その奥にある心理は二つのパターンに分かれる。一つは、

「私は政治のことがわかるからいいが、何もわかっていない芸能人は生半可《なまはんか》な知識で政治を語るな」

というもの。一段上の立場から、芸能人を劣った存在として見下《みくだ》している。もう一つが、

「私にはよくわからない政治のことを語る芸能人は、私より偉そうに見えるから気に入らない」

というもの。こちらは嫉妬《しっと》心《しん》か？　いや、芸能人は自分より劣った存在でいてほしいということだから、これも、結局は相手を見下している。

　ともにこれは、「政治とは、特別で高尚で難解な話題」という大前提によって成り立っている。「政治とは、日常につながる平易な話題」であるのなら、人を見下す時のツールにならないのだ。

　ここで再び、「欧米の芸能人は普通に政治的発言をするし、世間から非難されない」な

んて海外を持ち出す必要はないだろう。そもそも「政治」がタブー語錯覚なのだから、当然「芸能人の政治的発言」もまたタブー行為錯覚なのだ。

と書いてきて今気がついたが、この「芸能人」という言葉を「小説家」や「漫画家」に置き換えても同じだ。大人社会から見ての「若者」や、インナーサークルから見ての「よそ者」でも同じ。発言者が男性の場合は「女性」に置き換えても同じではないか？　おそらく、**見下してもかまわないと認定した相手に対し、上から嵩《かさ》にかかって言っている**のだ。芸能人・若者・女性という三つの要素を備えているアイドルがよくターゲットにされる理由は、これだったのか！

さらにもう一つ気がついた（まったく、この原稿は書きながら気づくことが多い。今までいかに考えてこなかったかということで、われながらあきれる）。「芸能人は政治的発言を控えたほうがいい」という言葉は、実は言われる芸能人側にとって好都合な場合もあるのではないか？

世の中に何か問題意識を持てば――発言をするかしないかは別として――多少なりとも調べたり学んだりするだろう。本を読んだり、人の話を聞いたり、ネットで調べたり……。むろん専門家に比べれば浅薄《せんぱく》な知識だろうが、それだって知らないよりは知ったほうがいい、考えないより考えたほうがいい（やり方を間違えて陰謀論にハマってしまう人もいるが）。

知らなかったことを知るのは面白いが、メンドクサイ勉強であることもたしかだ。誰に強要されたわけでもないのだから、わざわざそんなことやらなくてもいい。「政治について考えなくていい」という免罪符《めんざいふ》を与えられたのであれば、そのメンドクサイ勉強をする必要がない。**「お前はこれだけをやっていればいい」と命じられることは、ある意味で生きやすい**。むしろ、「政治のことを考えない芸能人のほうが、自らの仕事に専念していて立派である」という美学すら生まれる。このほうが楽チンではないか。

当然ながら、この「芸能人」は「小説家」「漫画家」、さらには「若者」「よそ者」「女性」に置き換えても同じだ。

国会周辺話法

○○に政治を持ち込むな

↓

ホンネ翻訳

オレの好きなことにオレの嫌いなものを持ち込むな

5 批判封じ込め型

抱き込みテク

野党は批判ばかり

いつまで〈　　〉をやってるんだ

国会は他にやるべきことがあるだろう

対案を出せ

前提知識アピール

「批判」否定作用

「野党は批判ばかり」

～批判は悪いことなのか？

第一章で「拒絶のトライアングル」について書いた。議会や記者会見でいかにして批判をかわすかというテクニックのあれこれだ。だが、おそらく彼らは思っているだろう。

「どうせこっちはまともに答える気なんてないんだから、批判してくるだけ無駄だ」

さらに、

「それにしたって、毎度はぐらかしたりごまかしたりするのは面倒くさい」

そして、

「そもそも批判なんてものがなければ楽なのに」と。

しかし何度も言うが、政治家や官僚が持つ権力は国民への強制力がある。有無を言わさず従わせることができるし、もし言うことをきかなければ逮捕だってできる。だから、権力は批判されることとセットで与えられているのだ。そう簡単に楽チンにはなれない。なので、**権力者というものはたいてい「批判のないバラ色の世界」を夢見る**のだ（もっとも、**国民側から見れば灰色もしくは黒一色の世界**なのだが）。

彼らにとってバラ色の世界を作る一番簡単な方法は、

「批判した者は片っぱしから逮捕する」

だろう。乱暴だが、できないことはない。なにせ権力を持っているのだ。歴史上、そうやってきた独裁者、強権政治家による恐怖政治はいっぱいある。

それができない場合の次の方法は、

「批判が多くの国民の目に入らない・耳に入らないようにする」

となる。これまた歴史上、たいていの政権は都合の悪い情報をコントロールしてきた。メディア企業は脅したり手なずけたりすればいいのだ。過去にもアメとムチの手法でこれをやってきた。メディアは、こと企業経営の側面になると意外と従順なのだ。むしろ協力的な場合すらある。

しかし、人の口に戸は立てられない。コントロールできないのは個人だ。インターネットが普及したＳＮＳの時代、これがなかなか難しくなってきた。

処罰しても、抑え込んでも、批判は何度も出てくる。こうなるともう、批判の発生そのものをなくすしかない。くさいニオイと政権批判はもとから絶たなきゃダメ！　根本的解決だ。そんなことができるのだろうか？（善政を敷けば根本的解決ができそうだが、その選択肢はたぶん最初からない）

「政権批判はしてもいいと思っているから、あとを絶たないのだ。そうではなく、**そもそも政権批判は人としてやってはいけないこと。悪口や誹謗《ひぼう》中傷と同じようなもの……と言葉の意味を変えてしまえばいい**」

おお、なんというコペルニクス的転回！

なんだか陰謀論めいてきたが、そう邪推する理由がないわけではない。思い当たるのは、今の若者たちは他者との摩擦・衝突を避ける（自分が傷つくことを避け、あるいは周囲から仲間はずれにされる危険を回避する）あまり、否定的な表現を極度に嫌うという最近の風潮だ。ここ十数年を振り返ってみても、KY（空気を読む・読まない）、地雷を踏む・踏まない、ハブる・ハブられる、メンタルが弱い、打たれ弱い、誰も傷つけない○○、忖度《そんたく》……といった言葉が浮かぶ。

大急ぎで付け加えておくが、空気を読むのも忖度も、大昔からみんながやってきたことだ。誰かを仲間はずれにする（ハブる）連中はいつの時代もいて、当然よくないことだ。たいていの人は打たれ弱い。誰だって傷つきたくはないし、わざわざ誰かを傷つけたくもない。完全に誰も傷つけない発言は不可能だが、なるべくそこに近づけたほうがいいに決まっている。だから、「最近の若者は……」と嘆き、「オレが若い頃は……」と遠くを見つめる目をして、あったかどうかもあやしい武勇伝を語るオヤジたちの言葉に、若い世代は耳を傾ける必要などない。

もう一つ付け加えておくと、若い世代は、

「私たちは、なるべく誰も傷つけたくないと考える新しい世代なんだから」

と思っているのかもしれないが、いや大昔から人はなるべく誰も傷つけたくないと考えてきたと思うけどなあ（もちろん人には、気に入らない者を攻撃したい、いじめたいという残酷な本能もある。それを抑え込むためにも、なおさらに)。

自分たちは親世代とは違う新しいタイプなんだと思いたい気持ちはよくわかる。誰でもそうだ（私だってそうだった）。たしかに、倫理観や社会的ルール、わかりやすいところでは科学技術など、時代とともに更新されるものは多い。大げさに言えば、人類はそうやって進歩してきたのだ。けれど、実はたいして変わってないものだってあるのだ。

とはいえ、今若者たちの間で、「批判」という言葉が悪口や誹謗中傷と同じカテゴリーに入っているように見えるのが気になる。「批判」の総卸元《おろしもと》といえば哲学者カントだが、彼によると「批判とは物事を根源的に吟味《ぎんみ》すること」らしい。そんな（正直言って、ちゃんと本を読んだこともない）偉人の名前を引っぱり出して権威づけしなくても、国語辞典を見てみればいい。意味はだいたいこうなっている。

「批判」…批評して判断すること。物事を判定・評価すること。いい点については評価し、欠陥については指摘すること。

この言葉はもともと、他者を悪く言うという意味ではない。判定・評価することなのだから、いいことを指摘する場合だってあるだろう。とはいえ実際には、何かに対して「それは違う」「そのやり方はおかしいのではないか?」「いいとは思えない」「こうはできないのか?」などと指摘するケースのほうが多い。だから、ほとんどの辞書は「現在では特に否定的に評価、判定することをいう」などの注記が入る。

そりゃ指摘されたほうはいい気分はしない。ギクシャクもする。人間関係を考え、忖度することもあるだろう。しかし、圧倒的弱者である一般国民から強者である政権への批判の場合は別だ。

一方、相手のあやまちを責めとがめる言葉や、最初から悪意のある言葉もある。


「非難（批難）」…良くない点を取り上げて、ただしとがめること。

「誹謗」…他を悪く言うこと。そしること。

「中傷」…ありもしないことを言いたてて、他人の名誉を傷つけること。

「悪口」…他を悪く言うこと。人をあしざまに言うこと。

「否定的」…対象を否定する傾向があること。マイナス思考、消極的の意味も含む。


ヒハン・ヒナン・ヒボウ・ヒテイ……どの言葉もヒで始まりカナ三文字。なので、みんな同じような意味だと思ってしまうのか？

数十年前からひそかに「批判は悪いことだ作戦」が展開されていたのか、それとも自然に世の中がそうなったのかは、わからない。いずれにせよ、誹謗中傷＝悪口＝批判という認識ならば、誰かを批判した人に対し、周囲は「そんなひどいことを言ってはいけない」と諭すだろう。こうなると、放っておいても政権批判は生まれにくく、もしあったとしても発生時点で自発的に抑え込まれる。
たしかにこれなら、批判をもとから絶つことができそうだ。

【前提知識アピール】【抱き込みテク】の2フレーズ

1「〜ばかり」

「野党は批判ばかり」という表現には二つの批判封じ込めテクニックが含まれている。まず第一に【前提知識アピール】。私は以前から、ニュースや新聞をチェックしている。野党が何度も何度も政権批判していることを、ちゃんと知っている。だから「〜ばかり」と言えるのだ。その前提知識がある上で、「批判だけでなく、他のこともしろ」と言っているのだ、と。

これにムッとして、

「野党は政権の批判をするのが役目だ」

「政権批判以外に、他の委員会では○○も、△△も、□□もやっている。あんたはそれを知らないのか！」

などと反論する人がいる。それは正論なのだろうが、そう言われれば今度は、

「批判が悪いとは言ってない。批判以外にもやることがあると言ってるんだ！」

とたいてい喧嘩腰《けんかごし》になる。たしかに、もとの発言はよく読めば「批判」を悪いことだとは言っていない。「批判ばかり」という連語になっているのが、この話法のポイントなの

だ。

子どもへの食事のしつけとして「ばっかり食べはいけません」というのがある。一つのおかずばかり食べずに、バランスよく食べなさいというもの。他にも「マンガばかり読んでないで……」とか「ゲームばかりしてないで……」とか「ギターばかり弾いてないで……」などと使う。誰でも一度や二度は言われたことがあるだろうし、言ったこともあるだろう。この場合も、

「ゲームが悪いとは言ってない。それ以外にやることがあるだろうと言っている」

という意図だ。普通、それ以外のこととは「勉強」だ。大人相手だと「仕事」だ。

ところがだ、時に「勉強ばかりしてないで、たまには運動もしなさい」と言うことがあるではないか！　大人だと、「仕事ばかりしてないで、家族との時間を過ごしてよ」などとも使う。

要するに、なんでも「～ばかり」はよくないということ。たしかにそうだ。この「ばかり効果」が「批判」という言葉を抱き込んで「批判ばかり」になると、**批判そのものも悪であるという印象**を与えてしまうのだ。これが第二のテクニック【抱き込みテク】だ。

2「いつまで～」

まったく同じテクニックなのが、

「いつまで〈　　〉をやってるんだ」

という表現だ。この〈　〉の所には、最近ならば「モリカケ」や「桜を見る会」が入る。そろそろ「旧統一教会」も入ってくるかもしれない。かつてなら「ロッキード」や「リクルート」なども入っていただろう。大きく括《くく》ると、やっぱり「批判」だ。ちなみに、この文章の前段には「野党は」あるいは「国会は」「新聞は」「メディアは」などの言葉が省略されている。

これまた同様に、「私は以前からニュースや新聞をチェックしているから、〈　〉にずいぶん時間を使ってきたことを知っている」という【前提知識アピール】が入っている。その上で、「いつまでも〈　〉ではなく、他のこともしろ」と言っているのだ、と。

これにムッとして、

「〈　〉の決着はついていないじゃないか！」

と反論すると、

「決着がついたとは言ってない。〈　〉以外にもやることがあると言ってるんだ！」

と喧嘩腰になるのも同じ。この場合は、「いつまで〜」という【抱き込みテク】によって、そろそろ〈　〉を**切り上げる時期に入ったのではないかという印象**を与えるのだ。

【「批判」否定作用】の2フレーズ

1　「国会は他にやるべきことがあるだろう」

この表現のポイントは「他」と「やるべきこと」だ。ともに具体的には何も言っていない。ではいったい、何の「他」だと言っているのだろう？　実は、さっき出てきた言葉につなげるとわかりやすい。

「いつまで〈　　〉をやってるんだ。国会は他にやるべきことがあるだろう」

さっきの文章を繰り返すと、この〈　　〉の所には、最近ならば「モリカケ」や「桜を見る会」「旧統一協会」が入る。かつてなら「ロッキード」や「リクルート」なども入っていただろう。大きく括ると、やっぱり「批判」だ。

もう一つの「やるべきこと」という表現は、「本来はそれがメインだ」という意味を強調している。その裏に張り付く意味は「批判することはメインではない」だ。

2「対案を出せ」

この言葉は前段が省略されている。お節介ながら勝手に補ってみると、おそらくこうなる。

「〈批判ではなく〉対案を出せ」

これらの話法は、ともに【「批判」否定作用】があるのだ。

以上、この項で扱った四つの表現をつなげてみると……

「野党は批判ばかり。いつまで〈　　〉をやってるんだ。国会は他にやるべきことがあるだろう。対案を出せ」

おお！　みごとに一連の文章になり、**批判封じ込めという意図**がハッキリするではないか。

＊

「政府広報オンライン」というＷｅｂサイトがある。その中に「ＳＮＳの誹謗中傷　あなたが奪うもの、失うもの　#NoHeartNoSNS（ハートがなけりゃＳＮＳじゃない！）」というページがある。ＳＮＳでのトラブルが続くことを受けて作られたものだ（二〇二一年四月）。

そこにはこう書かれている。

(1)　誹謗中傷と批判意見は違う

相手の人格を否定または攻撃する言い回しは、批判ではなく誹謗中傷です。また、他人の投稿を安易に再投稿したりしないようにしましょう。投稿された内容を正しく見極め、慎重に投稿や再投稿しましょう。

ここではハッキリと「誹謗中傷と批判意見は違う」と書いてある。両者を混同してはいけないということだ。これによって悪口、誹謗中傷が減ることを目的にしている。批判意見ならいい、ということもちゃんと示している。

だが、どっちだか判断がつきにくい場合はどうなるだろうか？

「自分としては誹謗中傷ではなく批判のつもりだが、違うと言われるかもしれない。トラブルを招く恐れがあるので、言う（書く）のはやめておこう」という考え方も抱え込んでしまうのだ。触らぬ神に祟《たた》りなし。う〜む、難しいところだ。

国会周辺話法

野党は批判ばかり
いつまで〈　　〉をやってるんだ
国会は他にやるべきことがあるだろう
対案を出せ

↓

ホンネ翻訳

批判をするな
従順であれ

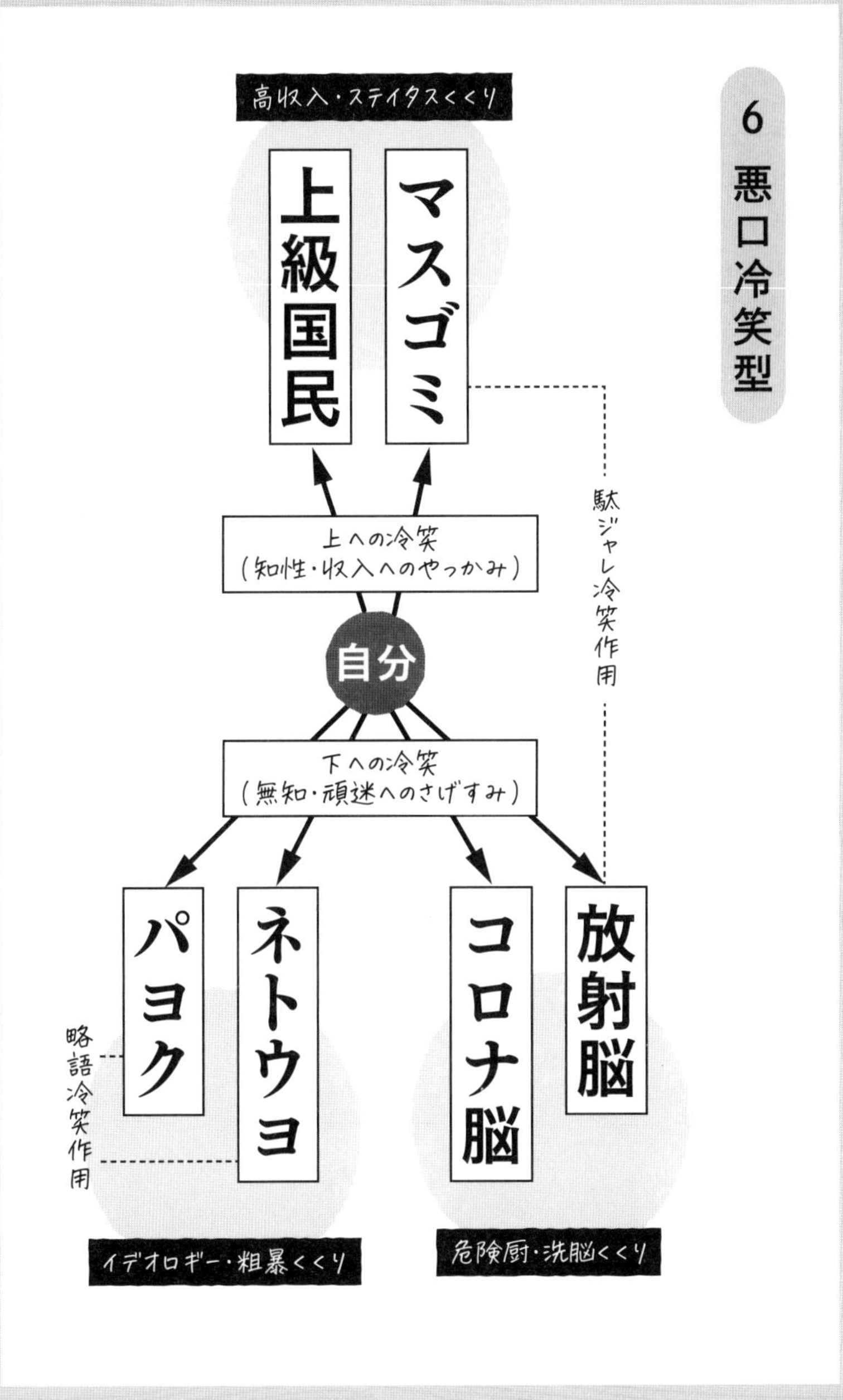
6 悪口冷笑型
高収入・ステイタスくくり
上級国民
マスゴミ
上への冷笑
（知性・収入へのやっかみ）
自分
駄ジャレ冷笑作用
下への冷笑
（無知・頑迷へのさげすみ）
パヨク
ネトウヨ
コロナ脳
放射脳
略語冷笑作用
イデオロギー・粗暴くくり
危険厨・洗脳くくり

「マスゴミ」
～冷笑することで自分を守る

多くの人には「何か気のきいたことを言って、感心されたい、評価されたい」という気持ちがある。例のマズローによる「承認欲求」というやつだ。いや、なにもわざわざショウニンヨッキュウなんて小難しい言葉を使うことはない。要は「目立ちたい・ほめられたい・頭がいいと思われたい」ということだ。

学校の教室で、会社の会議で、あるいは何かスピーチの場で意見を述べ、「そこには気づかなかった」「核心を突いている」「うがった意見だ」などと評価されたい。友人たちとの雑談においてすら、「うまいことを言う」「さすがだ」とほめられたい。書いた文章は「いい指摘だ」と感心されたい。そりゃ誰だって、けなされるよりほめられたほうがうれしいにきまっている。

私だってこの本の文章では、「核心を突いている」とか「寸鉄人《すんてつ》を刺す」なんて言われたい。だがなかなかそう簡単にはいかないのだ。考えは行ったり来たりするし、グルグルと同じ所を回ったりもする。ずっと「これでいいのか？」と悩みつつ、おずおずと書いている。それに、私程度の人間が思いつくことなど、すでに誰かがどこかで書いているだろうとも思う。間違っていることもあるに違いない。さらに、私が突いているのは核心ではなく上っ面《うわつら》あるいは端っこで、寸鉄ならぬ寸鉛《すんえん》（？）は簡単にはじき返されているのかもしれない……とも思う。

さて、現代にはネット社会というものがある。ＳＮＳを使えば、誰でも簡単に世間に意見を発信できるし、その反応がすぐにわかる。これまでの新聞・雑誌・本などの印刷メディア、ラジオ・テレビなどの放送メディアと大きく異なるのは、そこだ。つまり、「いいね！」や「ＲＴ」や「シェア」や「コメント」の書き込みなどで、自分の意見への賛同者数が即時可視化されるのだ。

こんなにも簡単に承認欲求を満たしてくれるツールが、目の前のスマホの中にあるのだ。指先をチョイチョイと動かすだけでそれができる。世間の出来事に対して「オレも何かひとこと言いたい！」「私も気のきいた発言をして、多くの人にほめられたい！」という感情が湧《わ》き上がってくるのは自然だろう。

では、何をどう言えばいいのか？

人びとが見逃しているポイントを見つけ、核心を突いた発言を、わかりやすく丁寧にコンパクトに発信できれば、説得力がある。当然「いいね！」や「ＲＴ」が多く、いわゆる「バズった」状態になる。承認欲求は大いに満たされる。メデタシ、メデタシ。

だが、そういったメッセージを思いつかない場合はどうするか？（ならば黙っていればいいじゃないかとも思うのだが……）

ＳＮＳにおいては、「核心を突いた発言が評価された」ので「バズった」のだが、その順番が逆になって、「バズった」ものは「核心を突いた発言が評価された」のだと錯覚する。

発言の内容よりも、承認欲求を満足させることのほうが優先されるのだ。こういう場合のメッセージには、いくつかの特徴がある。

1「強い言葉・大きな言葉・断定」

「間違いなく」「完全に」「完璧《かんぺき》に」「ことごとく」「徹頭徹尾」……など、強く大きく決めつける言葉を好む。ふつう専門家ほど「絶対に」とは言わないものだが、承認欲求に取り憑《つ》かれた人は平気で「２００％確実」とか言ったりもする。**言葉の正確性より、インパクトの強さのほうが大事**なのだ。「泣いた」は「号泣」になり、「感動」は「鳥肌が立った」になり、「（旗色が悪いので）議論を終わらせよう」は「はい、論破《ろんぱ》！」になる。

「私は……」より「私たちは……」のほうが大きい、「われわれは……」のほうが強い、「われわれ日本人は……」のほうが大きくて強くてなんだかものものしい。主語が大きくなるのもこのパターンだ。そのうち、「われわれ人類は……」、さらに「われわれ地球人は……」となりそうだ。

2「悪い言葉・汚い言葉・蔑称」

バカ、アホ、マヌケ、でくのぼう、無能、用なし、役立たず、無駄飯食い、ろくでなし、税金泥棒……もっと直截《ちょくせつ》でひどい言葉もあるが、コンプラ的にここには書けない。こういうのは酒席や仲間内の雑談では使うだろうが、ふつう公共の場では使わない。

いまや誰でも参加できるSNS空間は公共の場になっているのだが、それが理解できない人がうっかり書き込んでひんしゅくを買うことがある。炎上だ。それはまあ、若気の至りとか世間知らずということで反省してもらえばいい。

だがそれがわかっていて、わざと悪口や蔑称《べっしょう》を使う人がいる。悪口は当然、誰かをバカにし、攻撃すること。相手にイヤな思いをさせ、それによって自分のほうが勝った気持ちになるのが目的だ。だがそれだけではなく、いくつかの他の側面もある。

まず、「オレはこんな悪口を堂々と言えるほど勇気があるんだぜ、なめんじゃねーぞ！」と周囲に誇示するために使うのだ。喧嘩《けんか》上等！　炎上上等！　ヤンキー的蛮勇威嚇《ばんゆういかく》手法だ。

一方、優等生やインテリはたまに、「オレはむかし悪かったんだぜ」という（あったかどうかも定かではない）ワル自慢をしたがる。彼らがわざと悪い言葉・汚い言葉・乱暴な言葉を使うのもその延長線上にある。これは「私は知性も教養も節度もある人間ですが、時にはこんな悪い言葉だって使えるんですよ。世事に通じてるでしょ？」とアピールしているわけで、インテリ的露悪《ろあく》手法だ。彼らが社会世相を扱った本のタイトルに「バカ」という言葉が多いのは、たぶんこれだ。そのアピールが著者によるものなのか、出版社によるものなのかはわからないが。

いずれの場合も、**悪い言葉を使うことで目立ち、自分を大きな存在に見せる**という手法だ。

もう一つある。仲間内においては、他者に対する共通の悪口・蔑称を使ってニヤニヤしあうことで、インナーサークルのメンバー確認と離脱防止をしている。これは、ムラ社会的絆《きずな》維持手法だ。

3「逆張り」

世間が右になびけば、左。左になびけば、右（この場合の右・左はイデオロギーではなく、単に反対側ということ。上・下でも、白・黒でも、犬・猫でも構わない）と、一般とは逆の立場を主張するのだ。これは目立つ。

世間が「大変だ」と言えば、「いや、たいしたことない」と余裕のあるところを見せ、世間が「たいしたことない」と言えば、「いや、大変なのだ」と洞察力の鋭さをアピールする。世間が減税による景気回復と言えば、いや増税で財政健全化が先だ（その逆もある）。世間が自然エネルギーだと言えば、いや今こそ原発だ（その逆もある）。世間がマスクだと言えば、いやそんなもの無用だ（その逆もある）……キリがない。

無理矢理に逆張りを主張する場合、「理屈はどうするんだ？」と心配するのだが、**理屈なんてこね回していれば意外になんとかなる**ものだ（屁《へ》理屈も含む）。してみると、多数派のほうの理屈だって、なんだかあやしく思えてきてしまう。

この項で取り上げている「悪口冷笑型」は、２「悪い言葉・汚い言葉・蔑称」の一形態だ。とくにネットのＳＮＳに多い。あからさまに誰かのことを悪く言うのはさすがに印象が悪い。なのでそこに笑いをまぶすという手法だ。冷笑の〝冷〟は「私は冷静ですべてがわかっている」というアピールで、〝笑〟は「私はユーモアを交えるほど余裕がある」というアピール。いや、実際に笑えなくてもいい。主目的は悪口なのだ。「これは笑いですよ、シャレですよ」という言い訳なのだから、センスがいい必要はない。むしろダサいくらいのほうがいい。するとまず、誰にでもできる駄《だ》ジャレになる。

【駄ジャレ冷笑作用】のケーススタディ――「マスゴミ」「放射脳」

マスコミとゴミを合わせた駄ジャレが「マスゴミ」。メディアの政権への及び腰やすり寄り方、庶民への横柄さを揶揄《やゆ》する時にこの言葉を使う人は多い。考えてみれば、日常でこんな駄ジャレを言えば「オヤジギャグだ」とバカにされるのがオチなのだが、ネット界《かい》隈《わい》では「言ってやったぜ」と得意げな感じになる。ＮＨＫのことを「犬ＨＫ」とか、フジテレビのことを「ウジテレビ」とか書くのも同じ。もうこうなると、**子どもがウンコやオ**

シッコなどの汚い言葉を口に出して喜んでいるのと大差がない。

東日本大震災と福島第一原発事故をキッカケに、放射性物質による被害への恐怖が増した。もちろんそれはもともとあったのだが、より身近にリアルになったのだ。放射能は目に見えないゆえに恐怖感が増す。また情報が隠蔽《いんぺい》・コントロールされている事実も明らかになったので、より不安感が増す。そこで放射能を極度に恐れる人、あるいは根拠のないデマに振り回される人々を、「放射脳」という駄ジャレで揶揄、冷笑するようになった。

新型コロナウィルスにおいても同様に、目に見えない恐怖と、情報が不明である不安感で、極度に恐れる人々を「コロナ脳」と揶揄する。これは放射脳からの連想だろうが、よく考えると駄ジャレになっていない。おそらくは「洗脳」という言葉から、自分の考えを持たず周囲の情報に左右されて頭がいっぱいになってしまう人々をイメージするのだろう。さらに「低能（低脳）」という言葉からの連想もありそうだ。「○○脳」とすればたいていのものに使えるので、現在どんどん使われはじめている。しかしもう一度言うが、放射能→放射脳以外は駄ジャレにすらなってなく、オヤジギャグ以下、単なる悪口だ。

これらは、中学生の幼稚さを表す「中坊《ちゅうぼう》→厨房」、「中二病《ちゅうにびょう》→厨二病」あたりからきた誤変換のジャンルで、「危険厨」「安全厨」も同じ。実にネット時代らしい駄ジャレ冷笑だ。だって手書きだと、「厨」なんて文字、ふつうは出てこない。

【略語冷笑作用】のケーススタディ――「ネトウヨ」「パヨク」

ネトウヨはネット右翼の略。ネット上で過激な国粋《こくすい》主義的な右翼的発言を繰り返す人たちのことだ。たいてい匿名で、本人はSNS上のプロフィールに「右でも左でもない普通の日本人」と書いていることが多いから、自らネトウヨを名乗っているわけではないのだろう。他からの蔑称だ。

対する左翼は、同じネーミングならネトサヨではないのか？　ところがパヨクだ。パヨク、パヨクねえ……「パ」ってなんだ？

ネット情報によると、パヨクは「ぱよぱよち〜ん」というあいさつの言葉から来た……とある。が、その「ぱよぱよち〜ん」がどういう意味だかわからない（たぶん意味なんかないのだろう）。ぱよぱよち〜んな左翼で、パヨク。あるいは、半端《はんぱ》な左翼でパヨクという説もある。おそらくどっちでもよく、単にバカにしやすい音の響きがいいのだろう。パ行の音は幼児語に多いので、そこから考えの幼稚さを連想させるし。こちらも、自らパヨクを名乗っているわけではなく、他からの蔑称だ。

いずれにせよ、

右翼↓（一段下）ネトウヨ

左翼↓（一段下）パヨク

と見下《みくだ》しているのは間違いない。さらに加えてネトウヨはパヨクを、パヨクはネトウヨを見下している。あちこちで見下しが絡まりあっているのだ。

略語とは、単に言葉を短くするということではない。**正式名称を略語にすると、理解した気になるのだ。**たとえばセクシャルハラスメントやコンプライアンスという長い言葉だと重いので、意味を理解して丁寧に扱わなければならない気がする。だが、「セクハラ」や「コンプラ」と略した途端「ああ、あれね」とわかった気になり、軽く扱えるようになる。

日本語だってそうだ。日本銀行が行う「全国企業短期経済観測調査」は、普通「日銀短観」と略す。さらに略して「ああ、短観ね」と言えば、かなり理解して使いこなしている感じがする。さらに「あんなもの、たいして信用してないけどね」という一段上からのニュアンスすら醸し出せる。

誰だって、実態のよくわからないものは不安で怖い。しかしカタカナ略語にすることで軽みが出て、恐れもなくなる。ぞんざいに扱ってもいい気がしてくる。これが略語冷笑作用だ。

「情弱」もそうだ。情報弱者という正式名称に侮蔑《ぶべつ》感覚はないが、「情弱」と略した途端、「そんなことも知らないのか、頭の悪いやつだな」という蔑称になる。

以上は駄ジャレや略語という言葉から見た冷笑だが、もう一つ、別の視点からも冷笑は分類できる。「冷笑」とは、基本的に高みにある者が他者を見下して笑うことだ。だからたいていは、上（自分）から下に向かっての冷笑なのだが、実は下（自分）から上への冷笑もあるのだ。

【上への冷笑】のケーススタディ――「マスゴミ」「上級国民」

マスコミは高学歴の人間の就職先。収入も高く、社会的地位も高い。加えて華やかでチャラチャラした職場だと見られている。いわゆる「勝ち組」だ。学歴や収入や社会的地位で自分はそれより下位にいると自覚する側が、彼らを「ゴミ」と冷笑することで溜飲《りゅういん》が下がる。「マスゴミ」という表現には、駄ジャレ以外にこの意味も含まれているのだ。

上級国民というイヤな言葉は、文字通り勝ち組だ。定義は曖昧《あいまい》だが、富裕層や高級官僚など社会的地位が高く高収入の者のことだろう。世襲や血縁による一族のニュアンスもある。実際にはそういう身分制度などないのだが、あえて「はいはい、あなた様は上の身分ですよね」と揶揄するホメ殺し的な手法。「殿様商売ですな」とか「あの人はお姫様だから」などというのに似ている。勝ち組への当てこすりだ。

こうした**上に向かっての冷笑は、彼らに比べて自分は不遇と思いつつ、心情的にはその上に立つ気分**になれる。これが「ルサンチマン」というものなのか？　いや、なにもわざわざ小難しい言葉を使うことはない。要は「高収入・社会的地位・知性への嫉妬《しっと》」だ。ミもフタもないことを言ってしまうが、人が他者に思う負の感情の多くは嫉妬で説明できてしまう。私だってそうだ。情けないことだけど。

ここにはもう一つ、厄介《やっかい》な嫉妬もある。収入はどうだか知らないが、社会的地位や知性はあると世間に思われているし、自分でも思っている人たち（マスコミ周縁にいる学者や文化人、元官僚など）が、現在のマスコミでよく見る学者や文化人や元官僚たちの発言と、彼らを重用するマスコミ側の見識も含めて冷笑するパターンだ。

「あいつらの言ってることはおかしい」「あんなやつらを持ち上げてチヤホヤするマスコミは駄目だ」という冷笑。ただしここでは「マスゴミ」という言葉はあまり使われない。なぜならば、その冷笑の背後にあるのは、**「あいつより私のほうが知識も見識もあるのに」**というやっかみであり、さらにその真意はたぶん**「私に気づけ。私をチヤホヤしろ」**なのだ。自分だってマスコミ側にかかわる可能性があるので、「ゴミ」とは呼ばないのだろう。

【下への冷笑】のケーススタディ――「ネトウヨ」「パヨク」「コロナ脳」

もともと、右翼にあまり知性のイメージはない（右翼の方に失礼だが）。ましてやネトウヨだ。当の右翼からも一段低く見られている。気合ばかりで、粘着質、非論理的、排他性、頑迷《がんめい》のイメージもある。

一方左翼は、初期はインテリがはまった。その名残で、現在も知性や理論派、理屈っぽいイメージがある。だから、左翼を冷笑する場合は、上への冷笑になる。しかし、パヨクだ。こちらは、当の左翼から一段低く見られている。文句ばかりで、正義ぶり、扇動的、排他性、頑迷のイメージもある。

なんだ、ネトウヨもパヨクもどちらも似ているじゃないか。そしてお互いがお互いを下に見ている。当然、一般人としては、両方を下に見て冷笑する。自分には（彼らと違って）理性的で、協調性もあり、頑迷ではないぞと。

放射脳・コロナ脳も同様だ。単純に知識不足・付和雷同《ふわらいどう》を下に見て、冷笑する。自分には（彼らと違って）知識があり、判断力もあるぞと。その他に続々と命名される「〇〇脳」も同じ。「脳内お花畑」も同じ。つまり、「脳」という言葉を使いたがる心理は「お前たちは頭が悪い（＝私は違う）」ということを言いたいのだ。

つまりこれが、下に向かっての冷笑。実はこれはイデオロギーや思想信条の問題ではない。ネトウヨだろうとパヨクだろうと、リベラルだろうと、ネオリベ、ポピュリズム、フェミ、アンチフェミ、リフレ派、反リフレ派、ＭＭＴ……その他なんだかわからないネーミングの人たちだろうと同じ。

すべてのジャンルにわたって、自分より上だと思う存在は引きずり降ろして冷笑し、自分より下だと思う存在には上から嵩《かさ》にかかって冷笑する。誰かをけなすと、その分だけ相手より自分が偉くなった気がする。つまり**冷笑主義の実態とは「自分以外は全部バカ」という思い**なのだろう。

冷笑することで、「世間的には成功している連中より自分のほうがまとも」と〈実は不遇だと思っている〉自分を守り、「こんな頭が悪く乱暴な連中より自分のほうが頭がよく、ちゃんとしている」と〈実は不安を感じている〉自分を安心させる。人間とは弱いものなのだ。

そして実は、もう一種類の人々がいる。それは〈実は不遇だと思っている〉とか〈実は不安を感じている〉などは関係なく、〈ただ単に誰かの悪口を言いたい。相手をイヤな気持ちにさせたい〉というタイプの人々も存在するのだ。悪口を自分で考えるのは、これはこれでけっこう知的な作業で、センスも必要とする。大変だから、すでに用意されている「ネトウヨ」「パヨク」「マスゴミ」「コロナ脳」などをお手軽に使っているだけなのだろう。もっとも、こういう構図を分析している「私」もまた、そういった彼らを多少なりとも冷笑することで自分を守っているのかもしれない。

……というこの分析全体を読んでさらに冷笑することで、人は自分を守ることもある。さながら冷笑のピラミッドだ。

＊

奈良時代に和気清麻呂《わけのきよまろ》という人がいた。「宇佐八幡宮神託事件《うさはちまんぐうしんたく》」という言葉とセットで憶えている方もいるだろう。

簡単に言うと、怪僧・弓削道鏡《ゆげのどうきょう》が称徳天皇《しょうとく》（女性天皇）に取り入り、皇位を狙《ねら》った。和気清麻呂は宇佐八幡宮に行って、それを阻止する神託を持ち帰ったとされている。怒った道鏡は、和気清麻呂という名前を「別部穢麻呂《わけべのきたなまろ》」と改名させてしまったのだ。

なんと子どもじみた！（いかに当時、言霊《ことだま》思想が強かろうと）

嫌いな相手の名前を悪い言葉の駄ジャレにして勝った気になっている時点で、それは負けなのではないか？

冷笑のピラミッド

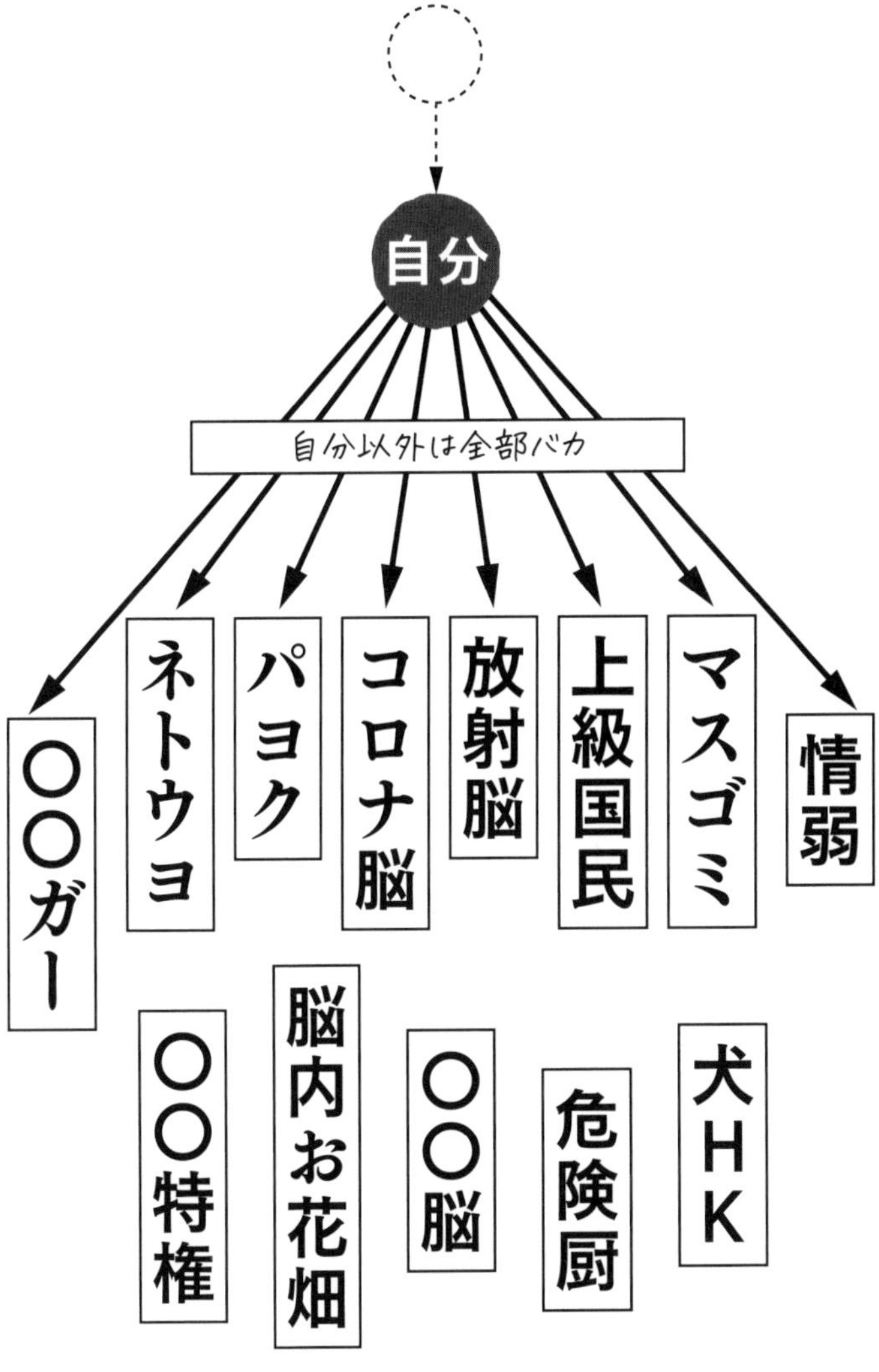
自分
自分以外は全部バカ
○○ガー
ネトウヨ
パヨク
コロナ脳
放射脳
上級国民
マスゴミ
情弱
○○特権
脳内お花畑
○○脳
危険厨
犬HK

マスコミ批判もイデオロギー批判も、大いにやればいい。が、**マスコミをマスゴミと呼ぶことでウサを晴らして勝った気になっているのは、やはり子どもじみている。**

国会周辺話法

マスゴミ
上級国民

ホンネ翻訳

自分たちばかりいい目を見やがって

国会周辺話法

放射脳　コロナ脳
ネトウヨ　パヨク

ホンネ翻訳

あいつらはバカだ

第三章

煙に巻くテクニック

「国会話法」は、言葉の選び方や修辞手法だけの問題ではない。その言葉をどういうやり方で伝えるかという伝達手法も重要なのだ。いかにして責任を逃れ、相手を煙《けむ》に巻き、自分に有利に持っていくか？　そこにはさまざまなテクニックがある。　そしてこれもまた、国会に限らない。見回してみれば、私たちの日常に潜んでいる。

1【物量作戦】

～大声で何度も言う

私たちは会議の席で、やたら大きな声で自説を主張する人を知っている。いや、会議とは限らない。日常生活においても、大声で何度もしつこく、何かの主張をする人がいる。声の大小は人それぞれだから、（うるさいが）まあ、しかたがない。何度も言うのも、それほど熱心ということなのだろう。

が、度を越してそれをやる人がいる。

自分の考えを通すためになのか、それとも相手の言うことを否定するためになのか、あるいは単にみんなの視線を自分に集めたいだけなのか、がなりたてる。周囲が迷惑がっているのも構わずに。

もちろん自分の意見を言うのは別にかまわない。だが、あきらかに間違ったこと、おかしなことを言う場合もある。その場合は周囲もさすがに、

「いや、それは違うと思いますよ」

と遠慮がちに（つまり、相手を傷つけないように気をつかって）訂正する。すると意外にアッサリと引き下がることがある。ホッとする。

ところがたいていの場合、すぐにまた同じ行為を繰り返すのだ。まるで、一回否定されたのを忘れたかのように。

大声で自説を主張するタイプの人はメンタルが強いので、ちょっとやそっとじゃへこたれないのだ。へこたれないこと自体はいいことだと思うが、周囲は迷惑する。じゃあ放っておけばいいかというと、そうでもない。こういうタイプには必ず同調者が現れてくるから、やっかいなのだ。

たとえば、AかBを選ぶ場合でどっちでも大差ない時、あるいは判断がつきかねる時。そういうタイプの人がBを主張していれば、参加者は「まあ、Bでもいいか」となりやすい。

それは、

「あんなに大声で何度も言っているから、きっと正しいんだろう」

とか、

「その熱心さにほだされて」

ではない。

「やかましく、しつこい。うんざりするから、（あいつを黙らせるために）もうそれでいいよ」

なのだ。声が大きい人の意見が通りやすい——とはそういうことにすぎない。

私たちは実社会でそういう経験をしている。そしてそれは、ネット社会でも同様なのだ。

たとえば、こういう場合はどうだろう？

カラスは白い
カラスは白い
カラスは白い
カラスは白い
カラスは白い
カラスは白い

カラスは白い
カラスは白い
カラスは白い
カラスは白い
カラスは白い
カラスは白い

カラスは白い
カラスは白い
カラスは白い
カラスは白い
カラスは白い
カラスは白い

カラスは白い
カラスは白い
カラスは白い
カラスは白い
カラスは白い
カラスは白い

どうだろうか？　カラスは黒いものだと思っていたが、そう言われれば白いような気もしてきた……とはまだならないだろうね。こんなものでは。

しかし、

「嘘《うそ》も百回言えば真実になる」

というではないか。これはナチスの宣伝相ゲッベルスの言葉といわれている。が、実は彼は言っていない。このエピソードそのものが嘘なのだ。悪名高いナチスの宣伝相ならいかにも言いそうだから、みんなが（おそらく百回以上）孫引きしてきたので、だんだん真実めいてきた。

実際には誰が言ったかわからないようだが、似たような言葉は以前からある。たぶんそれは、昔から人の世でおこりやすいことなのだ。

複数の人々が組織的に「同じ嘘」を言えば、効果はもっと大きい。組織的であることを隠してそれを行えるなら、効果はさらに大きい。メディアやネットを使えば即効性もある。

2【虫眼鏡作戦】
～小さな文字でびっしり書く

たとえば保険証書などでは、たいてい一面にびっしりと小さな文字で契約の説明や免責事項などが印刷されている。何ページにも及ぶ冊子になっている場合もある。大切なものだとはわかっているが、いったいどれほどの人があの文面をちゃんと読むだろうか？

あれは、説明すべきことがたくさんあって、それをなるべく少ない枚数に入れるため、しかたなく小さな文字でギチギチになってしまうので読みにくい……のではないと思う。小さな文字でギチギチになって**読みにくいことが狙い**……なのではないか？

あまり読まれたくないことは、虫眼鏡《むしめがね》で見なければ読めないような小さな文字でビッシリ印刷したほうがいいのだ。

第一条 専任媒介契約の有効期間内において、甲が自ら発見した相手方と目的物件の売買若《も》しくは交換の契約を締結したとき、又《また》は乙の責めに帰すことができない事由によって専任媒介契約が解除されたときは、乙は、甲に対して、専任媒介契約の履行のために要した費用の償還を請求することができます。

第二条　被保険自動車が譲渡された場合において、譲受人またはその指定する者が保険契約者の権利および義務を承継することを保険契約者と約し、当会社が保険契約者および譲受人またはその指定する者からその旨の通知を受けたときは、保険契約者の権利および義務を承継することが約された時からこれについて当会社の承認があったものとみなします。

第三条（1）乙は、本著作物の完全原稿の受領後　ヵ月以内に、第二条第一項第一号から第三号までの全部またはいずれかの形態で出版を行う。ただし、やむを得ない事情があるときは、甲乙協議のうえ出版の期日を変更することができる。また、乙が本著作物が出版に適さないと判断した場合には、乙は、本契約を解除することができる。

（2）乙は、第二条第一項第一号および第二号の場合の価格、造本、製作部数、増刷の時期、宣伝方法およびその他の販売方法、ならびに同条同項第三号の場合の価格、宣伝方法、配信方法および利用条件等を決定する。

何を書いているのかまったくわからないし、辻褄《つじつま》が合わないとお思いだろう。当然だ。なぜならこれは、「宅地建物取引業法施行規則の標準媒介契約約款」と「自動車損害賠償責任保険約款」と「出版権設定契約書ヒナ型」から、適当な部分を抽出《ちゅうしゅつ》して並べただけ。意味が通じるわけがないのだ。おそらく多くの読者は読んでないだろうと思って、こんなふうにデタラメに並べてみたのだ。

読んでないなら、少し冒険もできる。実は第二章で書きたかったが、うまく構文解析ができなかった国会周辺話法がある。なので、ここにコッソリ書いておこう。ここなら人はあんまり読まないだろうから、多少考察が雑でもいい。

「日本の官僚は優秀だ」

これはよく見かける言葉だが。はたして本当だろうか？　まず何をもってして「優秀」というのか？　東大を出たことを言っているのだろうか？　しかし学校の勉強では優秀であっても、官僚として優秀とは限らない（この批判がやりにくいのは、私が東大を出ているわけではないからだ。受験敗者が受験勝者をやっかんでいるようにしか見えない）。

「優秀」という言葉には単に試験の点数がいいという以上の意味が含まれている。学校の勉強以外の一般常識もあり、倫理観や道徳観もちゃんとした人物。とくに国家公務員の場合は公私の区別に厳格である人物のことだ。ところが一部の官僚は政治家や民間業者と癒着する。あるいは組織ぐるみで外郭団体を作って天下り《あまくだ》先を確保し、多額の給与や退職金（もちろん税金）を手にする仕組みを作る。そういう連中を、日本語では「優秀」と呼ばない。「ずる賢い」ではないか？

いや「お勉強秀才」ではなく「ずる賢い」でもなく、「優秀」だというのなら、その根拠は何か？　おそらくは、戦後の奇跡ともいえる高度経済成長をなしとげたのは官僚の指導によるものだ、というのが最大のアピールポイントなのだと思う。だがその成功に、はたして官僚はどのくらい寄与したのだろうか？　もともと戦争から立ち直ろうとする民間活力があった時代だ。戦争による技術開発や資材、人材の民間への転用もあった。ベビーブームだった。世界中がそうだ。日本の場合は、朝鮮戦争による特需もあった。官僚の仕事に意味がなかったとは言わないが、その寄与度がどの程度あったのだろうか？　今ふうに言うならば、「日本の官僚が優秀だというのなら、そのエビデンスを出せ」なのだ。

もしその時に優秀であったとしても、その後の何十年間もずっと優秀であると言えるのか？　そんなに日本の官僚が優秀ならば、なぜバブル崩壊以降三十年も経済を再生できないのか？　これで「優秀」は名乗れないのではないか。……とまあ、こんなふうに雑な論理展開だから、とても第二章に書けなかった。誰かに詳しく検証してもらいたいものだ。


人にあまり読んでほしくない事柄は、小さな文字でびっしり書くという手法が有効なのだ。

3【隠密作戦】

～目立たない所にそっと出しておく

役所からのお知らせとか、なんらかの事前公告とか公聴会のお知らせとか、あるいは都市再開発計画の事前情報公開とか、税制などの制度変更とか……そういったものを、いざ実施する頃になってはじめて知り、

「え！　いつの間にそんなことになってるんだ？」

と驚くことは多い。たいていの場合、それは、

「ちゃんと事前にお知らせしています」

と返される。そう言われて過去のものを探せば、官報やなんらかのお知らせ文書に載っている。おそらくは新聞などにも小さく出ている。

「情報は決められた期日に正しく出しています。みなさんの意見を聞く期間も設けています。われわれにやましいところはない」

であり、

「それを見ていないあなたのほうが悪い。今さら文句を言われても困ります」

「た、たしかに……」

となる。そしてたいていの場合、意見を受け付ける期日を過ぎている。

「もう決まったことですから」

となる。しかし、ふつうの人は退屈きわまる行政からのお知らせ文書をそんなに見ない。しかもたいていの場合【虫眼鏡《むしめがね》作戦】や、後述の【悪文作戦】【難解作戦】で書かれているのだ。邪推すれば、「**情報はいちおう出しておくけど、できればこれを見てイチャモンをつけてほしくない**」であり、それは「ちゃんと先に言っておきました」という言い訳に使われる。


印刷物ではなく、最近ではネット公開という手法もある。パブリックコメント（あらかじめ案を公表し、広く意見・情報を募集する手続き）などにもよく使われる。

「誰でもアクセスできるネット公開です。より情報公開されてるでしょ？」

と言えるのだ。しかし何段階もある階層の深い所に置かれていて、なかなかそこにたどり着けないケースもある。


いや、なにも役所ばかりを責めているわけではない。民間企業だって似たような手法を使っているのだ。そして、私だって。

note〈https://note.com/saydo/n/nfcdbdaa78015〉
Twitter〈https://twitter.com/saysaydodo/status/1595580753488011265〉

4【粘着質作戦】

～しつこくいやがられることが大事

カラスは白い
カラスは白い
カラスは白い
カラスは白い

カラスは白い
カラスは白い
カラスは白い
カラスは白い

うんざりされることが目的なのである。そろそろ「カラスって白いかも？」と思い始めただろうか？

5【悪文作戦】

～悪文には意味がある

官公庁が発表する役人の文章や学者の書いた文章、あるいは新聞や専門誌などの記事を読んで、何が書かれているかサッパリ意味がわからないことがある。

「きっと自分の頭が悪いから、何が書かれているかわからないんだろうな」

と思う。政治・経済をはじめとして科学技術や文化芸術、哲学……など、あらゆる専門家が書いた文章は、多くの場合わかりにくい。それは専門家として言葉選びに正確性を期すあまり、回りくどい文章になってしまうからだろう。

「悪文だなあ。もう少し普通の人が読んでもわかるように書いてくれればいいのに」

と思う。と同時に、

「この人たちはわかりやすい文章を書く訓練を受けていないから、下手《へた》なのだ」

とも思う。

だがまてよ。こっちは「内容が伝わらない」から悪文だと思っているのだが、実は**「内容を伝えたくない」のなら、悪文であることは理にかなっている。**あえて悪文を書いている可能性はないのか？

＊

私は多少なりとも文章を書くプロとして（小生は過去に四十冊ほどの書籍を刊行しているので、そう名乗っても世間にはご寛容して頂けるものと思っている）、過去に文章作法のような講座を受け持った経験も過去に何度かあるのであるが、その際に私が毎度必ず受講生たちに言う言葉があるのでそれをここに披露すれば、この項で伝えようとしている私の意図が一層明らかになるのではないかと愚考する次第である。文章を書く要諦《ようてい》として私が必ず言うことはわかりやすくあれということなのであるが、いたってシンプルなこのポイントが実は大変難しいので、考え方を逆にして、では悪文とは何かというポイントから説明してみると、受講生たちに大いに納得してもらえる。すでに賢明なる読者諸兄はお気づきであろうが、ここに記されている文章がまさに悪文の典型的な例なのであるから、まずはこの文章の説明から始めてみるとする。

まず文章の形態であるが、悪文の典型は一文が長いということである。まず句読点が圧倒的に少ない。さらに読点でセンテンスをつなげてだらだらと文章を続ける。この例でいけば「私は多少なりとも〜」で始まって「〜次第である」で句点に至るまで五行にわたって一文がつながっている。一般に子どもの作文では、〜ので、〜ので、〜のでとつなげる例が多いがそれと同じである。えんえんと長い文章を書いているうちに主語と呼応しない述語になったり、言葉が重複していたり、いつの間にか受動態になったりもするから読者は混乱して、何を言っているのかわからなくなる。それに加えて、なかなか改行を行わない。この例でいくと最初の一段落が十行にわたっている。これでは見た目もベタっとしてたいへんに読みにくい。

こういう文章を見ると普通の人は読む気がなくなるのであるからして、入り口で読み手を拒絶する効果があるのである。よしんば読んだとて、その表現は回りくどく、なかなか本題に入らなかったりもするから、途中で読者は読む気力を失い、さらに文意が読み取れないことで「自分は頭が悪いから」と思ってもらえることで、文章を書く側のせいではないと思ってもらえるのであるから、悪文は悪文ではなく書き手にとってはむしろ名文と言ってもいいかもしれないのである。

＊

典型的な悪文だ。あまりに読みづらいのでおそらく読み飛ばしているだろうと思う。この長い文章で言っていることは、

1　文章のプロとして、ここに悪文の例を書く。
2　悪文は一文が長く、改行が少なく、回りくどい。
3　読み手を拒絶するため、あえて悪文になっていることもある。
の三点にすぎない。

6 【難解作戦】

～カタカナとSDI略語

悪文の一つではあるが、出てくる言葉が難しくてわかりにくいというケースもある。これまた、

「きっと自分の頭が悪いから、何が書かれているかわからないんだろうな」

と思う。だがそこには**「わかりにくくするテクニック」が使われている**のだ。このテクニックには色々なものがある。第一章で触れた【漢語テク】がその典型例。同様なものに【カタカナテク】もある。

次の文章はネット企業の若き代表にありそうな、挨拶《あいさつ》だ。

グローバルな環境でのサステナビリティが叫ばれる現在、当社のミッションはＩＣＴを使ったビッグデータ解析によってユビキタス社会にアジャストしたソリューションパートナーとなることです。「もの」から「こと」へのパラダイムシフトが進むニューノーマルなＩｏＴ時代に、従来のウォーターフォールモデルからアジャイル開発によるプロダクトローンチによってベネフィットを生み出す、デジタルトランスフォーメー

ション（DX）時代にフィットしたカンパニーでありたい。

もちろん私も、書いていながら何を言っているのかよくわからない。ありがちなフレーズをあちこちから持ってきただけだから、おそらく意味はちゃんとつながっていないだろう。

だがこうやって、何か海外の最新っぽいカタカナ用語を並べていれば、新しいことを言っているんだろうなと思い、それがわからない自分は新しい情報に遅れているという負い目を感じる。だから「それはどういう意味ですか？」と聞きにくい。それが狙《ねら》いなのだ。

【漢語テク】も【カタカナテク】も、**一般にはなじみのない言葉を散りばめて文章全体の意味を曖昧《あいまい》にする**ことにある。

意味不明なカタカナ語の羅列は、ネットの世界では「ルー大柴《おおしば》みたいだ」とからかわれている。それを略語にすると、さらに意味がわからなくなる。これがアルファベット頭字語【SDI略語テク】だ。前出のあいさつにあるICTやIoTやDXが、そう。民間企業で社長がCEOになるのも同じ。その他にCOOとかCFO、CTOなどという肩書まで現れるから、今度は「DAIGOみたいだ」あるいは「バイク川崎《かわさき》バイクみたいだ」とからかわれることになる。

ちなみに、このSDI略語とは「戦略防衛構想」の略ではない。「それ、どういう、意味？」の略だ。

役人の世界でも同じだ。

もともとお役所言葉にはカタカナが多いが、ここ数年、ダイバーシティ、メンバーシップ型雇用・ジョブ型雇用、ＳＤＧｓ、ＩＲ推進法、ＮＩＳＣ、マイナンバー制度、スーパーグローバル大学、ワーケーション、ベーシックインカム、カーボンニュートラル宣言……など、なじみのないカタカナ言葉・アルファベット略語が増えた。それらは、「新しく見えて」なおかつ「意味がわからない」ことが重要なのだ。「新しく見えて」の部分で予算を獲得しやすくなり、「意味がわからない」の部分でその使途を曖昧にできる。

政治の世界でも同じだ。

かつて選挙にあたって「公約」と呼んでいた言葉が、いつの間にか「マニフェスト」となった。「マニフェスト」は意味がよくわからないが、最初のうちは守られない「公約」より、守られる「マニフェスト」というイメージだった。が、すぐに守られなくなる。するとそのうちに、今度は「アジェンダ」と言う人々も現れた。マニフェストでよくわからないのだ。アジェンダとなると、もうそれは約束を守るとか破るとか、そういうこととは関係ないような気もしてくる。

私たちはみごとに煙《けむ》に巻かれている。

7 【権威作戦】
～引用と煩雑

著名人の言葉や文章、先行する研究の成果などを多く引用していれば、その文章は各方面に目配りをした理性的なものであるように見える。しかしその本心は、「もちろん私はこの基本を知っていますよ」と、さらに「どうです、私はこんなことまで知っているんですよ」と自分の読書量、知識量を自慢しているケースも多い。

すでに評価の定まった引用文章を散りばめることで（そこには異論をはさみにくいから）、自分の文章全体がそのお墨付《すみつ》きを得たように印象づける方法だ。

*

ドイツの社会心理学者、哲学者である[1]エーリッヒ・フロムの名著『自由からの逃走(Escape from Freedom)』には、「[2]近代社会において、個人が自動機械となったことは、一般のひとびとの無力と不安とを増大した。そのために、かれは安定をあたえ、疑いから救ってくれるような新しい権威に、たやすく従属しようとしている」とある。そう、私たちは権威を嫌悪する一方で、権威を求めてもいるのだ。それはアメリカ独立戦争さなかの[3]トマス・ジャーメインの演説――[4]諸君は今、〝権威〟を批判する私の演説に大きく頷《うなず》き、拍手をしている。しかしそれはまた〝私という権威〟に従っていることに気づいておいでだろうか——からもわかる。権力や権威についての真髄だ。

メキシコの先住民族アコネカ(5)（aconecas）族に伝わる伝説に《「死者の日(6)」に何度も蘇《よみがえ》って族長を続ける男の話》があるが、政治的指導者が持つ権力や権威というものは当事者にとってはそれほど魅力的で、しかも他者から見れば滑稽《こっけい》なのだろう。「政治から逃避する(7)なら、臆病《おくびょう》か無関心ということになり、現実の政治を行うなら、党派的だということになる。理想的な政治を説くなら、滑稽になる」というカレル・チャペック(8)の言葉を思い出す。

（1）エーリッヒ・フロム（一九〇〇～八〇）ドイツのフランクフルトに生まれる。ハイデルベルク、フランクフルトの大学で社会学、心理学を専攻。精神分析的方法を社会現象に適用する新フロイト主義。ナチに追われてアメリカに帰化した。

（2）現代社会科学叢書『自由からの逃走』～p225「逃避のメカニズム」エーリッヒ・フロム著、日高六郎訳（東京創元社）

（3）トマス・ジャーメイン（一七一八～八八）イギリス出身の軍人であり、劇作家。独立戦争時、独立派を鼓舞した演説で知られる。

（4）『世界を動かした名演説と珍演説——我々は何に熱狂し、何に騙されるのか？』～p83 サイモン・アボット、クリス・シーバッグ著、伊藤緑青訳（柏文芸新社）

（5）アコネカ（aconecas）族。カワミカ族の一集団。十四世紀、ポポカテペトル山の東に栄えた民族。一四二七年、アステカ帝国によって滅ぼされる。

（6）「死者の日に何度も蘇って族長を続ける男の話」　死者の日（Dia de muertos）は、メキシコで十月三十一日〜十一月二日に行われる日本のお盆のような風習。死んだかつての族長が毎年蘇って政治を行うが、住民がまったく無視するという滑稽譚。

（7）平凡社ライブラリー159『未来からの手紙』〜p187「政治」　カレル・チャペック著、飯島周編・訳（平凡社）

（8）カレル・チャペック（一八九〇〜一九三八）チェコの国民的作家・劇作家・ジャーナリスト。「ロボット」という言葉を作ったことで知られる。

＊

引用元や注をちゃんと記述している親切丁寧な態度だ。が、文字以外の記号の種類が多く統一性もないので、煩雑《はんざつ》でたいへん読みにくい。はたして読ませたいのか、読ませたくないのか？　そういった煩雑さの中で気づきにくいが、よく読むと引用だらけで、これを書いた人物は結局何も言っていないのだ。**何か言っているように見せかけて何も言わない**（ということは責任を問われない）文章や演説で、ただ自分の権威づけのみを行う。こういう例はけっこうある。

人は権威に弱い。日本人は特に弱いのではないだろうか？

ちなみに、最初のエーリッヒ・フロムと最後のカレル・チャペックの引用は本物だが、その間にあるすべての引用と注（3）〜（6）は嘘《うそ》である。そんな人物も本も存在しない。これもまた、百回繰り返せば真実になるのかもしれない。

8【続・粘着質作戦】

~うんざりされても気にしない

カラスは白い
カラスは白い
カラスは白い
カラスは白い
カラスは白い

カラスは白い
カラスは白い
カラスは白い
カラスは白い
カラスは白い

9【ジャーゴン作戦】
～排他性と解説役

いわゆるマスコミ・ギョーカイ人の描写で、

「シータクでギロッポンに行って、ゲー（G）万円使った」

なんて言い方がある。

「タクシーで六本木《ろっぽんぎ》に行って、五万円使った」

という意味だ。実際には、今どきこんな言葉を使う人はいない（と思う）。コントの中での芸能界用語、バンド用語だ。こういう言葉をジャーゴン（仲間内だけに通じる特殊用語、専門用語）と言う。

ジャーゴンの効果は二つある。一つは、お互いにそれを使い合うことで仲間内の結束を強める。もう一つは、それがわからない部外者を締め出す排他性だ。

お役所言葉にもそういうものがある。「可及的速《すみ》やかに」や「前向きに善処する」が、「何もしない」を意味することは多くの人が知っている。公式文書での「並びに」「及び」、「又《また》は」「若《も》しくは」の使い方なども有名かもしれない。

○単純なA＋Bの時……「A及びB」
○三つ並列の時……「A、B及びC」
○A、Bのグループ＋Cの時……「A及びB並びにC」
○単純なA or Bの時……「A又はB」
○三つある時……「A、B又はC」
○A、Bのグループ or Cの時……「A若しくはB又はC」

言葉の定義を厳格にして解釈の違いを生まないようにするという意味はあるのだが、しょせんジャーゴンだ。「及び」が「並びに」に優先するとか、三つ以上並列の時は「、」でつなげて最後が「及び」という決まりは一見もっともらしいが、よく考えてみれば内々で独自に決めたルールにすぎない。

政治用語にもそういうものがある。新聞やニュースでよく見る次の表現は誰を指すのか、ご存知だろうか？

○政府首脳……内閣官房長官。
○政府筋……内閣官房副長官。
○政府高官……政府筋の言い換え。あるいは、各省庁の局長級以上。
○与党幹部……党の幹事長、総務会長、政調会長。

○＊＊省首脳……所轄の国務大臣、副大臣、または事務次官。
○＊＊省幹部……各省庁局長級。
○＊＊省筋……各省庁局長級より下。

これもまたオフレコ発言を引き出すためのメディアの手法ではあるが、やはりジャーゴンだ。官房長官が「首脳」で、官房副長官が「筋」だという決まりは、内々で独自に決めたルールにすぎない。だいたい、＊＊省首脳が国務大臣、副大臣、または事務次官……なんてアバウトすぎる。＊＊省筋の場合、資料によっては局長も入るとしている場合もある。全体的に定義がフワフワしているのだ。

すべてのジャーゴンは、そのグループ内にいる人たちが勝手に決めたものだ。いや、それはいい。なんらかのルールは必要だ。そうすることで内部の情報共有がスムーズになるのだから。だがそうなると外の世界（一般社会）に対しては、解説役が必要になる。彼らが「この言葉の意味はこういうことなんです」と説明する時の、得意げな様子といったら……（この項を書いている私の文章がすでにそうなっていることでお気づきだろう）。

解説役は、政治の場合は、政治評論家や識者、新聞記者などという肩書の人だ。こういう人たちが重々しく語ることで、**ただのジャーゴンもなんだか重々しく見えてくる**のだ。

ただ、私程度の人間がここに政府首脳、政府筋……などが示す人物をあげられる時点で、すでにジャーゴンを使う意味はなくなっていると思う。だがしかし、彼らは使いたいのだ。

政治評論家が、「政府高官というのは政府筋の言い換えですから、内閣官房副長官のこと。あるいは、各省庁の局長級以上の場合もあります」という解説も、芸能通が「ドレミのドの音がドイツ語ではC（ツェー）ですから、ここを1として、レ（D）・ミ（E）・ファ（F）・ソ（G）で、Gは5になる。だから、五万円はG（ゲー）万円になります」という解説も、構図は同じではないか？

10【あと出し作戦】
〜訂正は目立たずに

——えー、先ほどから繰り返してきました、私の「カラスは白い」という発言につきまして、ご説明させていただきます。

私たちが普通カラスと呼んでいる鳥は、スズメ目《もく》カラス科に分類されます。カラス科の中には二十五属、あるいは二十六属あるともいいますから、とても種類が多いことがわかります。その一つがカラス属。日本人が普通カラスと聞いて思うハシボソガラスやハシブトガラスはここに分類されます。とはいえ、都市化の進展でハシボソガラスはしだいに姿を消してしまいまして、今私たちが普通に見るのは都市化に対応したハシブトガラスのようです。

この二つは色が黒で、これが私たちが思うカラスの色のイメージになっています。とはいえ実際には真っ黒ではなく、青紫色で金属光沢のある黒です。

カラス科の中には、コクマルガラスという種類もいます。あまりおなじみではないでしょうが、コクマルガラスは冬鳥として日本に越冬にやってきます。なので私たちが日常的に見るわけではありません。このコクマルガラスの色は暗色型と淡色型の二種類がありいまして、淡色型のほうはあざやかな白黒の二色なのです。別名パンダガラスとも呼ばれています。

他にはホシガラスという種類もいます。これは日本では高山地帯に生息していますから、日常であまり見ることはないでしょう。色は黒味の強い褐色《かっしょく》ですが、全身に白い斑点があります。ホシガラスのホシはそこから命名されたものです。

このように、一口にカラスといっても色々な種類があり、すべてが黒一色ではないということがおわかりいただけたかと存じます。そういう意味で「カラスは白い」と言ったのでありまして、けっして私たちがよく見るハシブトガラスのことを白いと言った訳ではありません。誤解を招いたのであれば、言葉足らずでありました。

それでは私は、次の予定がありますので、これで失礼いたします。

＊

いちおう訂正（のようなもの）をしているが、この本をこんな最後まで読む人はあまりいない、と踏んでのことだ。最初に「カラスは白い」という発言で強いインパクトを与えることができていれば、その後目立たない所でそっと訂正すればいい。多くの人は、そんな所に注意を払わないのだから。

もちろんこれは、カラスの色についての話だけではないけれど。

巻末付録

ショーアップ国会中継

たとえば税制や健康保険制度や年金制度が、「来年度からはこう変わります」と急にメディアで話題になりはじめることがある。

「え！　そんなこと突然言われても……いつ決まったんだ？」

と驚き、怒る。たいていは私たち庶民に不利益になる変更や新制度だからだ。

しかし、

「突然ではありません。二年前に国会でちゃんと審議され、決まったことです。知らないほうが悪い」

などと返されれば、ぐうの音《ね》も出ない。

何度も書くが、日本国憲法第四十一条に「国会は、国権の最高機関であって、国の唯一の立法機関である」とある。「立法機関」なんて言葉をきれいにまとめられると、それでわかった気がしてスルーしてしまう。私なんかは「要するに、国民みんなで守るキマリをオープンな議論で決める場所、ということだな」と自分の中でかみ砕いて、ようやく納得する。だから、大切なことはみんな国会で決まっている……はずだ（オープンではない「闇議決定」なるもので決まる場合もあってモヤモヤするが)。

だから日頃から国会の動きをチェックしていればわかるわけだし、「おかしいじゃないか」と思う時は声を上げ、修正あるいは撤回させることもできる。そういうオープンな審議で決まった制度変更なんだから、事前に知っているのが大前提。「知らないほうに非がある。あとでグダグダ言うな!」ということだ。再び、ぐうの音も出ない。おそらく、決まった時にはニュースや新聞にも出たのだろう。ボーっとしている私だって、きっと見ているはずだ。審議の様子はテレビで国会中継されたかもしれない。こっちのほうは、見ているかどうかわからないが……。

しかし、時々テレビでやる国会中継をちゃんと見ている人は、いったいどのくらいいるのだろうか? 私の場合で言うと、NHKでたまたま国会中継に出くわすと、

「なんか大事なことをやっているんだな?」

と思ってしばし見ている。が、まず何が議題になっているのかよくわからない。質疑者も答えている大臣も、たいていはよく知らない人だ(恥ずかしながら、顔と名前と肩書が一致する大臣は数名しかいない。いわんや野党議員においてをや)。素人目《しろうとめ》には、見ていても議論にさしたる展開がない。「ここがキモだ」というのもわからない。ハッキリ言って退屈なのだ。「この人は滑舌《かつぜつ》が悪いなあ」くらいしか感想がない。で、チャンネルを変えてしまう。こういう人は多いのではないだろうか?

私たちが普通「国会」と聞いてイメージするのは、あの半円形に席が並ぶ立派な議場だ

ろう。私もそうだ。が、あそこで行われる本会議は全体の８％程度しかないという。残りは……というか、ほとんどは委員室・委員会室で行われる委員会や審議会、調査会、公聴会などで、全部ひっくるめて「国会」。傍聴席もある（本会議は自由に、他は議員の紹介や委員長の許可が必要だが）。そのすべてを、現在はインターネットで見ることができる（非公開原則のものは除く）。民間ではなく、国会自体が提供しているのだ。過去のビデオライブラリだってある。

つまり、見ようという気になれば誰でもいつでも国会審議を見ることができる。情報は国民に開かれている。メディアによる報道もなされている。だから知らないほうが悪い、と言えるわけだ。三たび、ぐうの音も出ない。

なるほど。公開が原則だから、言質《げんち》を取られないような国会話法や煙《けむ》に巻くテクニックの数々が開発され、発達してきたのか！

であるならば、そういった審議の様子を、国会話法を解きほぐし、あるいは引っぺがし、煙幕を払い散らしながら伝えるのがメディアの腕の見せどころではないか？

もちろん、解説付きで「国会パブリックビューイング」という活動を行っている人たちはいる。ネットの世界では、国会好き、国会オタク、国会ウォッチャーなどと呼ばれる人たちがさまざまチャンネルで情報を発信している。だがそれらを見るのは、かなり「見ようという気」がある人たちだと思う。

私のような、特に見ようという気はないがたまたまテレビで国会中継に出会った人、興味はあるけど見方がわからない人、予備知識のない人に向けて、「いま国会でこういうことをやっています」「ここがキモです」「ここんとこの国会話法、ちょっとあやしいですよね」……などといった国会中継ならばどうだ？　いわばライトユーザーに向けた地上波テレビの国会中継があってもいいのではないだろうか？

そんなもの需要がない？　視聴率が取れない？

いや実は、日本のテレビはすでにそういう中継で視聴率を取るための制作手法を編み出している、と思うのだ。参考にすべきはスポーツ中継だ。いろいろな種類があるが、三つに絞るならば、

「二〇一九年のラグビーワールドカップ日本大会」

「高校野球甲子園大会」

「大相撲《おおずもう》中継」

この三つに共通しているのは、そのスポーツにあまり詳しくない視聴者には、映っている人たちの見分けがつかないという点。メディアで取り上げられている一部のスターを除けば、他は全員同じに見えるのだ。ガタイのいい外国人（ラグビー）、坊主頭の高校生（高校野球）、ちょんまげ結った太ったハダカの人（相撲）。似てないだろうか？　ダークスーツを着たオッサン（国会中継）。

さらにその人の特徴・プロフィールを知らないと、感情移入ができないという点。たと

えば、三兄弟揃《そろ》ってラグビー選手でチームの司令塔（ラグビー）、公立高校の星でプロのスカウトも注目している投手（高校野球）、モンゴル出身で大怪我《けが》から回復した苦労人（相撲）……といった情報を知れば、「ほう、そういう人なのか」と興味が持てる。すると不思議なもので、さっきまで同じように見えていたのに、その人だけ個体識別できるようになるのだ。個体識別ができれば感情移入ができる。見る気になるというものだ。似てないだろうか？　弁護士出身で舌鋒《ぜっぽう》鋭い若手のエース、あるいは、地元では有名な企業の三代目ボンボン政治家（国会中継）。

もう一つ、ルールや見どころを知らないと、どこを見ればいいのかわからないという点もある。野球・相撲はまだしも、ラグビーはルールもよくわからない人が多い。だから、二〇一九年のワールドカップ中継ではアナウンサーが何度もルールの説明をし、文字でも繰り返し用語説明が出た。ＣＧを使った映像でファウルの具体例を示したり、スーパープレイが出た時は別角度のカメラからの映像を何度もリプレイし、どこがどう凄《すご》かったのかを説明していた。野球・相撲の場合は、個人成績や過去の戦績をサイドスーパーに出し、どこに注目して見ればいいかを教えてくれる。

他には、マラソン中継や駅伝中継も工夫を凝らしている。いってみれば長時間ただ数人が走っているだけの映像を、アナウンサーと解説者が、選手のプロフィールや過去の成績、選手同士のライバル関係・友人関係、駆け引きの心理推測、当日の天気が与える影響、さらには周囲の土地の観光情報まで交えながら、視聴者の興味をつないで放送する。

あるいは、比較的地味な球技大会では、注目選手に「光速の○○」とか「鉄腕××」といったキャッチフレーズをつけて紹介する。本人は気恥ずかしいだろうし、もともと知っている人にはわずらわしいと不評だが、門外漢の視聴者はそれでずいぶん見やすくなるのだ。

これらの懇切丁寧なスポーツ中継テクニックが使えるのではないかと思うのだ、国会中継に。

こう書くと、必ず出てくる意見が二つある。

「スポーツにうるさい解説なんかいらない。こっちは純粋に競技を見たいのだ」

「国会中継とスポーツ中継を一緒にするな」

前者については、通《つう》の意見としてあるだろう（解説なんかなくても、私は勘どころや面白さがわかる上級者なのだというアピールもある）。しかし初心者には、やはり解説やサイドスーパーによる丁寧な情報がありがたい。そして、ライトユーザーの参入がなければ、やがてそのジャンルは衰退してしまうものなのだ。

後者は、第二章で見た「○○に政治を持ち込むな」に似ている。おそらく、「国会（政治）は高尚で特別なものだから、スポーツのように気安く扱うな」ということだろう。しかしこれは、特別視・神聖視することで庶民から国会（政治）を遠ざけるという現象を生んでしまう（遠ざけてほしい人たちには好都合だろうが）。

考えてみれば、高校野球でどこが優勝しようと相撲で誰が勝とうと、関係者を除けば、ほとんどの国民には関係がないのだ。もちろん心情的には「よかったね」とか「残念だったなあ」とは思うが、それによって何か利害が生じるわけではない（違法賭博《とばく》をやっている人は除く）。

けれど国会（政治）は、そこで決まることによって国民全体に影響が及ぶ。多くの人に利か、あるいは害が生じるのだ。たとえば消費税、あるいは健康保険制度……。むしろスポーツより国会のほうこそ、テレビでライトユーザー向けに放送すべきではないか？

もっとも、国会の本会議やさまざまな委員会、審査会、公聴会などは時間の長短差が大きい。十数分や、なかには五分で終わるものもあるが、通常は三〜四時間。本会議や予算委員会などは質疑者が多いので、七〜八時間かかる場合もある。このままでは放送コンテンツに向かない。

そこで、注目される審議の中から一人の質疑者とのやりとりだけをピックアップして中継する。ボクシングやプロレスで、メーンイベントの試合だけを放送するのと同じやり方だ。そこへ、前述のスポーツ中継で蓄積したさまざまなテクニックを投入する国会中継のアイデアを、勝手に考えてみた。

プレ番組【もうすぐ国会中継】

～国会議事堂をバックに立つ、国会中継アンバサダーの女性タレントと国会ウォッチャー評論家。

アンバサダー（以下、アン）「さあ、間もなく国会中継が始まります」

評論家（以下、評論）「今日の衆議院予算委員会は、見逃せませんよ！」

アン「予算委員会といえば、国会の花形ですよね」

評論「はい。今日の注目は、いま世間を騒がせている汚職疑惑です。はたして賄賂《わいろ》性があるのかどうか？　野党はエースの凸山《でこやま》議員を立てて、渦中の凹川《ぼこかわ》大臣を追い込むでしょう」

アン「剛の凸山VS柔の凹川。この二人の議論はいつも白熱しますよね」

～評論家、サッカー日本代表戦みたいな「過去の対決フリップ」を手持ち。

評論「国会では、ここまで三回、戦いました、第一戦がパーティー券問題、第二戦・差別発言問題、第三戦・口きき疑惑、すべて引き分け。今回が四回目の対決です」

アン「川中島《かわなかじま》の戦いですね」

評論「もはや伝統の一戦と言ってもいいでしょう。今日の予算委員会は各党から七人の議員が質疑に立ちます。現在すでに始まっていまして、注目の凸山議員の質疑はこのあとです」

アン「では、みなさんからのメールやTwitterでのつぶやきをご紹介します」

~事前に来ているメールやTwitterでのつぶやきを紹介する。

「凸山さん、前回は攻め切れなかった。今回に期待」「凹川大臣はぬらりくらり戦術で逃げ切るのではないか？」……など。

アンバサダーが大きなテレビリモコンを持っている。

アン「ここで、おなじみの『国会ミニクイズ』です。テレビのリモコンのdボタンでご参加ください。今、画面に表示されているQRコードをスマホで読み取って参加することもできます。今日の問題は？」

評論「国会の本会議は原則、全議員が参加することになっているんですが……テレビで見ていると、いつも空席がありますね？　それが今日の問題です」

~評論家、問題フリップを手持ち。

本会議は、参議院が月・水・金、衆議院が火・木・金。ともに総議員の1/3以上の出席で開かれる

評論「衆議院議員四百六十五人・参議院議員二百四十八人合わせて、今年の全国会議員の本会議出席率はどのくらいでしょうか？

青　約90％

赤　約80％

緑　2／3（約66・6％）

黄　わからない

ちなみに、参議院のほうがいつも空席が目立つのは、席の数に対して議員の数が少ないからです。見た目に惑わされないでくださいよ」（正解は220ページ）

〜アンバサダー、ビミョーなデザインのぬいぐるみを持っている。

アン「正解した方にはポイントが付きます。10ポイントたまると番組オリジナルのかわいい国会中継キャラ『双子のシュー&サンぬいぐるみ』をプレゼントしま〜す」

評論「凸山VS凹川、伝統の一戦。注目の国会中継はこのあとすぐです」

〜二人でポーズを決めて、

アン&評論「国会、ショーアップ！」

ＣＭ

【SHOW UP国会中継】

〜派手なオープニングアタック曲。タイトル「SHOW UP国会中継」に、格闘技のタイトル戦みたいな「凸山VS凹川」の文字がバーンとかぶさる。
国会内に設けられた実況席に、実況アナウンサーと解説者。

アナウンサー（以下、アナ）「『絶対に見逃せない議論がそこにはある！』さあ、始まりました、『SHOW UP国会中継』。解説はおなじみの、象川《ぞうかわ》さんです」

解説者（以下、解説）「よろしくお願いします」

アナ「本日は衆議院予算委員会。ご存知のように、『予算』と名前がついていますが、ここではあらゆる問題が審議されます」

解説「国政のすべては予算に紐付《ひもづ》きますからね」

〜カメラが委員室内をぐるりと映しながら、室内の様子を見せる。凸山の前の順番の議

スポーツやコンサート中継では、観客の反応やスタッフの動きを見せるのも重要。臨場感が増す。国会中継でも同様

員が質疑を行っているが、音声は消したまま。

アナ「衆議院予算員会の委員の数は五十名。政府側からは麒麟沢《きりんざわ》首相はじめ全閣僚が出席しています。中央に委員長席。狸山《たぬきやま》議員が座っています。その前が速記者。隣の答弁台で現在質疑を行っているのは、狼沼《おおかみぬま》議員です。

解説「委員長席に向かって左側に各大臣たちが並んでいます。おなじみの光景ですね。大臣席の後ろに並んで座っているのが秘書官たち。さらに左の壁側にいるのが調査室と呼ばれる人たち。そして委員長席に向かって右側が委員部と呼ばれる各省の官僚たち。象川さん、こういう強力なスタッフが政府答弁を支えているんですね」

アナ「そうですね。野球はピッチャー一人でやるわけではありません。大臣もまた多くの官僚たちに支えられて答弁しています」

解説「周囲で官僚がどう動いてサポートしているのか？　今回は番組独自の『スタッフカメラ』を設けて、その動きも追います」

アナ「答弁に詰まった時、官僚からサッと差し紙が出される様子なんかも楽しめるかと思います」

アナ「ではまず、このあと登場する凸山議員の紹介です」

～野党の凸山議員の写真が出る。なぜか腕組みをしてこっちを睨《にら》んでいる。

アナ「凸山議員のプロフィールです。◯△県一区選出。当選は三回。四十五歳。弁護士出身です」

〜「◯△県一区／◇◇党△△グループ／当選三／四十五歳／落・繰り上げ・当・落・当／弁護士出身／趣味は将棋」などのデータも出る。

アナ「この凸山議員、選挙に弱いんですね」

解説「ええ。最初が繰り上げ当選で、その後に落選も経験しています。なにしろ、同じ選挙区に与党の有力な議員がいますから」

アナ「地元では盤石《ばんじゃく》を誇る河馬村《かばむら》議員ですね。親の代からの組織票をガッチリ押さえています」

解説「凸山陣営は新しい選挙参謀が就任してから、辻立《つじだ》ち、ミニ集会、冠婚葬祭など地味な基礎体力作りのメニューを強化したことで足腰が強くなり、しだいに勝てる組織になってきました」

アナ「続きまして、受けて立つ側になる凹川大臣です」

〜凹川大臣の写真が出る。なんとなくナナメ上方を見上げている。

アナ「凹川大臣は、■▼県二区選出。当選は六回。親子三代の地盤で毎回盤石の選挙を戦い、党の要職も順調につとめて今回の初入閣です」

〜「■▼県二区／◆党●派／当選六／五十八歳／当・当・当・当・当・当／世襲（三）／趣味は乗馬」などのデータも出る。

アナ「象川さん、今日のポイントはなんでしょう？」

解説「やはり、週刊誌で報道された汚職疑惑に凹川大臣がどう答えるかですね。大臣は当然、疑惑を否定してくるでしょう」

アナ「攻めるのは凸山議員。これは手強《てごわ》いんじゃないですか？」

解説「手強いですね。しかし凹川大臣はここでとめないと、実は後ろで関わっていたのではないかと噂《うわさ》されている首相に及ぶ可能性もあります」

アナ「殿を守る家臣というか、親分を守る子分ですね」

解説「うまくかわすことができれば首相に恩を売ったことになり、今後のポストにも影響しますからね。なに、結局は自分のためですよ」

〜やがて、野党の凸山議員が質疑を始める。

スポーツにおけるプレイは、国会においては議論。なので質疑・答弁はちゃんと聞かせ、アナウンサー・解説者はその前後や隙間にしゃべる

アナ「凸山議員、パネルを用意しての質疑です。まずは日本のGDPの状況から。……象川さん、最近はこういう方が増えましたねえ」

解説「そうですね。国会にパネルが登場したのは、私の記憶では二〇〇〇年代の初め頃かと思います」

アナ「しかしこれ、一枚の中に文字がいっぱいあって、どこがポイントなのかわかりにくい」

解説「逆に、大きな文字で読みやすく、グラフなどが入ったものもありますけど、実はアレ、たいしたこと言ってない」

アナ「パワーポイントで作った企画書みたいですねえ」

＊

アナ「パネルを何枚も作るのは大変です。部屋に大型モニターを設置して、映し出すほうがみんなにも見えていいんじゃないでしょうか？」

解説「資料は紙で配られるし、答弁の内容もあとから紙で届く。パネルはあくまでテレビ向けだから今のままでいい、という意見があるのです」

アナ「でしたら余計に大型モニターを使ったほうが見やすいのでは？」

解説「ホンネは、モニターに映したらパネルを持つ議員の顔がテレビに映らない、ということではないですかねえ」

〜さながらフリップ芸人のように、凸山議員の質疑が続く。

解説「国会で勇ましく質問している様子がテレビに映るというのは、議員にとって選挙区の有権者へのアピールになるんです」

アナ「なるほど」

＊

アナ「ここまでの要点をまとめますと、今回の汚職疑惑について、

1　凹川大臣はワイロ商事の獅子村《ししむら》専務と会ったか？

2　どこで会ったのか？

3　それはいつか？

……という三点の確認ですね」

〜画面に、要点をまとめた文字スーパーが出る。

アナ「何枚もパネルを使っていましたが、結局これだけでよかったですね。さあ、凹川大臣はどう答えるか。象川さんの予想はいかがですか？」

解説「まあセオリーでいけば、ここは手堅く『数人で会った中の一人だから当時はよく認

識していなかった』と答える作戦ではないでしょうか」

〜凹川大臣が答弁台に向かう。

アナ「受けて立つ凹川大臣、いまゆっくりと答弁台に向かいます。おや、ちょっと余裕な表情ですね」

解説「何か秘策でもあるんでしょうか？」

凹川「記憶にございません」

アナ「おっと、いきなりの必殺技！」

解説「これは荒業《あらわざ》に出ましたねえ」

〜場内騒然とする。
激高する凸山議員。
平然と自席に戻る凹川大臣。
わらわらと委員長席に詰め寄る議員たち。
「時計を止めてください！」の声。

予算委員会における議員の持ち時間は、衆議院では質疑と答弁の合計でカウント（往復方式）。参議院はテレビ中継が入る集中審議などを除いて質疑のみカウント（片道方式）

ややあって、しぶしぶ委員長の「速記を止めてください」の声。

解説「どこかでこうなるとは予想していましたが、早かったですねえ」

アナ「委員長はなかなか時計を止めませんでしたが？」

解説「止めない限り議員の持ち時間が進んでいますからね。委員長は与党側ですから、野党にとってはアウェイで戦っているわけです」

アナ「『中東の笛』ならぬ、『委員長の時計』というわけですか。では審議が止まっている間に、凸山議員、凹川大臣それぞれの選挙区紹介ＶＴＲをご覧ください。まずは凸山議員から」

【ＶＴＲ１　凸山議員（○△県一区）】

ふるさとと紹介ビデオみたいなＢＧＭに乗って、選挙区内の色々な風景と、凸山議員の生い立ち、過去の選挙風景、実績、街の声などをナレーションが伝える。

「○△県一区は山に囲まれた選挙区／中心都市の県庁所在地は企業城下町／この町出身の凸山は東京に出て弁護士になり、政治の世界に入る／地元産業の支持を受けた河馬村議員がいるので、落選と当選を繰り返す／有権者の声『若い人に新しい風を吹かせてもらいたい』と『ちょっと頼りない』が、プラスマイナスのバランスよく配置されている」

ＶＴＲ再生中は、画面下片隅にワイプで、紛糾中の委員長席周辺のナマ映像が入る

アナ「続きまして、凹川大臣です」

【ＶＴＲ2　凹川大臣（■▼県二区）】

同じＢＧＭに乗って、選挙区内の色々な風景と、凹川大臣の生い立ち、過去の選挙風景、実績、街の声などをナレーションが伝える。

「■▼県二区は海に面した選挙区／江戸時代からこの地で醸造業を営んでいるのが凹川家。三代前から政治家の家系／地盤を引き継いだ選挙区はここだが、本人は生まれも育ちも東京／聞いたことのない外国の大学に留学経験がある／有権者の声は『あの橋を架けてくれたのが、先代の凹川さん』と『冠婚葬祭にちゃんと顔を出してくれる』など、プラス寄りのものが多い」

アナ「凹川大臣に限りませんが、二世・三世の議員は、地元は○○県といっても、実際には東京生まれ東京育ちの方が多いですよね」

解説「江戸時代の大名みたいなものです。まあ、あの時は参勤交代がありましたから、当時のほうが地元意識はあるかもしれませんねえ」

～など、感想トークでつなぐ。

続いて、委員長席の周りで話し合っている議員たちの名前を紹介。

解説「こういう時に、『オレがクレームを入れている』『オレが対応している』という姿を見せつけるのも、政治家にとって重要なアピールなんです」

〜われ関せずと目を瞑《つむ》っている大臣の名前、なぜかニヤニヤ笑っている大臣の名前、ヒソヒソ話し合っている大臣同士の名前……も紹介する。

アナ「大熊猫山《ぱんだやま》大臣はさっきからずっと目を瞑ってます。眠ってるんじゃないでしょうね？」

〜やがて、何がどう治まったのか不明のまま、審議が再開される。

凸山「大臣、国民は今この問題に大きな疑念を抱いています。政治家としてそれに答えるべきじゃないですか！」

〜官僚が凹川大臣に差し紙を入れるところを『スタッフカメラ』がとらえる。

下を向いて「官僚に用意された答弁書を読んでいるだけ」という姿をあえて見せるほうが、政治家は心理的ストレスが少ない

アナ「あ、ここですね！　大臣席、後ろから差し紙です」
解説「渡したのは、財務省からきたベテランの狐川《きつねがわ》秘書官です」
アナ「スローで再生してみましょう」
解説「肩の力が抜けたいいモーションで、タイミングもバッチリですね。これだと大臣は自然な流れで答弁ができます」

凹川「（差し紙に目を落としながら）そういう風に受け取られたとすれば、言葉足らずでありました。私の不徳の致すところでございます」
凸山「もしこれが事実とすれば、立派な贈収賄《ぞうしゅうわい》事件ですよ。大臣、どう責任を取るんですか！」
凹川「仮定の話にはお答えできません」
凸山「しかし、獅子村専務のほうはお金を渡したと証言した、という報道がすでに出ているんですよ」
凹川「報道は承知していないので、お答えを差し控えさせていただきます」
凸山「いや、政治家として答える義務があるんじゃないですか？」
凹川「現在捜査が進行中であるという事情をお含みおきいただき、関係各方面に配慮して、お答えを差し控えさせていただくことにご容赦を願いたいと存じます」

アナ「出ました！　何も言わない『七色の国会話法』！」

解説「この人はこれがあるから強いんですねえ」

凹川「いずれにいたしましても、国民の皆様からのさまざまなご指摘については真摯《しんし》に受け止め、今後政治家の立場から国民に、引き続き、しっかり、丁寧に説明していくことが大事であると思っております」

アナ「ほれぼれするくらい、何も言ってませんね」

～凸山議員が残り時間を気にして、「そんな言い訳で通用すると思っているんですか！」と捨て台詞《ぜりふ》を言ってこの話題を締め、雇用問題に移る。

アナ「象川さん、四回目の対決はいかがでしたか？」

解説「凹川大臣がまともに答えられないということを明らかにした意義はありますが、そこ止まりでした。一方で『攻める凸山』というアピールはできましたが、攻め切れないというもどかしさも残しました。やはり、引き分けですかね」

～終盤、凸山議員は雇用対策について延々と自説を熱弁する。委員長が「凸山君、時間です」と言うが、無視して続ける。

解説「凸山議員、アディショナルタイムの使い方がいま一つですねえ」

アナ「野党議員は時々、こういうスタンドプレーに走ることがありますね」

解説「まともに答えない大臣もよくありませんが、スタンドプレーに走る議員もよくありません」

～何度目かの委員長の「凸山君、時間です」の声で、凸山議員、ようやく締める。

♪エンディングテーマ曲

アナ「以上、本日の衆議院予算委員会、凸山議員VS凹川大臣の討議をお送りしました。解説の象川さん、今日の感想は？」

解説「結果だけ知りたいのなら、翌日のニュースや新聞を見ればいい。プロ野球や相撲と同じです。が、国会審議はその過程に、この国が抱えるさまざまな問題点や権力構造や、議員の人間性などが現れます。それを知ることは、われわれの身の回りの問題を考えるきっかけになるでしょう。残念ながら、答えはこの番組にはありません。民主主義は誰も答えを用意してはくれないのです。報道を見て、けれど鵜呑《うの》みにしない。この番組で私たちが言っていることだって鵜呑みにしちゃいけません。一人一人が自分で考えるしかありません。面倒くさいのですが、その面倒くささを楽しもうと考えたほうがいいのではないでしょうか。次回も、この番組がそのお役に立ちますように」

アナ「このあとネットTVでは、元国会議員の方々を迎え、ただいまのVTRを見ながらの『国会大反省会』をお送りします。そちらもお楽しみください。では、『SHOW UP国会中継』、次回をお楽しみに！」

～最後は、本日の審議のハイライトシーンを重ねて――END

（この番組は事実に基づいたフィクションです）

いかがだろうか？　昨今、テレビ離れが激しい。テレビを見ないどころか、持っていない若者もいる。しかしこれならば、国会中継は視聴率が稼げる優良テレビ・コンテンツになるのではないか？　ここはブルーオーシャンだ！

国会ミニクイズ【正解】

黄「わからない」

本会議の出席率に関する、国会の正式発表というものは存在しない。

参議院は会議録に出席議員の名前が出るので毎回丹念に数えれば、出席率を出すことはできる。が、衆議院はそれもないので、計算のしようがないのだ。今どき、ボタンを押すだけ、あるいはICカードを作って入場チェックするだけで出席率など簡単に集計できるだろう。が、そうはしない（参議院は氏名標を立てると光センサーで出席が記録される）。

たぶん、「本人がボタンを押したかどうかわからない」「ICカードを忘れた場合は？」「機械の誤作動はないのか？」、あるいは「議員には会議以外の仕事もある」「出席しても居眠りをしていたのでは意味がない」「出席前から会派の人数で採決の結果は決まっている」「戦術的な欠席もある」など、何もしない理由は山のように用意できるだろう。それに、出席率と議員の評価は別だ。だが、おそらくホンネはこうではないか？

国会の決まり
国会では出席率に関する正式発表がない

↓

ホンネ翻訳
出欠を集計されたくない。だって、サボれないではないか。

おわりに〜「国会話法」を捕まえろ！

発言や文章は、いかにして自分の言いたいこと、考え、気持ちを相手に伝えてわかってもらうかというのが基本です。これがけっこう難しい。あれこれと言葉を選び、言い回しを考え、下書きの文章を何度書き直しても「いま一つしっくりこない」と悩んだ経験は多くの方にあるでしょう。

だから世間には「文章術」や「プレゼン術」「スピーチテクニック」「伝え方」……などのノウハウ本があふれているわけです。要は、

【わかりやすく／伝わるように／要点をシンプルに／興味を持ってもらえるように】

……ということ。

ところが、これとはまったく逆に、

【わかりにくく／伝わらないように／煩雑でまわりくどく／興味を失うように】

……を目的にした言葉術が、この本で分類・分析した「国会話法」。

つまり、**国会話法とは「伝えない言葉術」「何も言わない技術」であり、「うやむや力」**なのです。そして、それを伝えるメディアも、批判する私たちも、同じようなうやむや力を使っているんだなあということがわかってきました。

もっとも、日常会話では物事をあまりハッキリ言わず、聞くほうも根掘り葉掘り聞かず、あえてうやむやのままにしておくケースもあります。無用な衝突をしないための大人の知恵です。しかし、政治家や官僚の場合は違います。毎度丁寧に言いますが、国民に対する強制力を持ち、その国民の税金によって雇われている身なのに、国民に何かを語る時に全力でうやむや力を駆使するのはおかしい、ということ。

たいていの場合、権力は腐敗します。これは政治家や官僚だけではありません。会社のトップ、組織の長、グループのリーダー……など、官民・大小にかかわらず、強い立場にある人々に共通することです。

「みんなが反対しても自分の考えを一方的に押し付けてもいい。なぜなら私はリーダーだから」「少々のお金が余れば自分の取り分にしてもいい。なぜなら私はリーダーとして色々やっているんだから」——など、強い立場によって正当化された誘惑はなかなか魅力的です。前者は、職場においてパワハラを生む原因になります。後者は、少々のお金は仲間内のグループだと数百円程度かもしれませんが、国家レベルだと数百万円、いや、もっと上になることだってあるでしょう。余ったのか余らせたのかは、わかりませんが。

たとえトップが清廉潔白でも、権力の周囲にはよからぬ連中がすり寄ってきます。みんなの取り分が必要だと、なぜか余った（余らせた？）お金は億の単位にハネ上がるに違いありません。政権の場合は、右だ左だに関係なく、とくに長期にわたるほど腐敗します。その**腐敗をごまかすために編み出されてきたのが数々の国会話法**ではないでしょうか？

この本では、国会話法の不誠実さについて不必要に詮索《せんさく》し、そのホンネをあれこれと勝手に翻訳してきました。が、政治とか民主主義については、我ながら素朴で理想的なことを書いているなあと自覚しています。もちろん私だって長年生きてくれば、現実は理想通りにはいかない、と承知しています。しかし、**理想を掲げずに現状追認をし続けていると、いつの間にか引き返せない場所に来ていることもある**、とも承知しているのです。

これを書いている今もまさに、臆面《おくめん》もなく「記憶にない」を連発する人や、「誤解を招いた」という人、「検討する」ばかりの人などが連日国会に登場し、ニュースで報道されています。現実はこの本を越えてしまいそうです。

例によって私たちがあきれて、「あ〜あ、まただよ」「うんざりだ」「あの連中にはあまり近づかないでおこう」なんて思ってしまえば、それは国会話法を駆使する側（政治家や官僚だけではなく、その周辺の評論家やメディアも含めてです）の思うつぼ。

それって、なんだか悔しいではないか。門外漢ながら、ゴマメの歯ぎしりしながらも、国会話法を捕まえろ！

藤井青銅

国《こっ》会《かい》話《わ》法《ほう》の正《しょう》体《たい》
政《せい》界《かい》に巣《す》くう怪《あや》しいレトリック

2023年1月5日　第1刷発行

著者
藤《ふじ》井《い》青《せい》銅《どう》

発行者
富澤凡子

発行所
柏書房株式会社
東京都文京区本郷2-15-13（〒113-0033）
電話（03）3830-1891［営業］
（03）3830-1894［編集］

装丁・本文DTP
次葉

印刷
萩原印刷株式会社

製本
株式会社ブックアート

JASRAC 出 2208935-201
ISBN978-4-7601-5496-8